民法論究

(제1권)

任成權 著

法文社

머리말

어디나 마찬가지로 해마다 학교 교정에도 봄이 찾아오는데 그 봄이 오는 모습은 다른 세상과 조금 다르다. 꽃보다 먼저 학생들이 봄을 몰고 온다. 잔디밭에 파릇한 새싹이 나기도 전에 이미 신입생들이 교정을 메우고 새로운 학기가 시작되고 있음을 알린다. 해마다 나도 새로운 학생들을 맞이하면서 마음을 다잡곤 하는데도 학기를 마감할 때쯤이면 어느 새 허덕이고 있는 나를 보게 된다. 신입생들이 대학공부를 시작하는 것처럼 나도 민법 공부를 해마다 새로이 시작한다. 하지만 기말고사를 치를 때쯤이면 숨이 가빠진다. 왜 이리도 모르는 것이 많고 해결이 되지 않는 것이 많은 것인지, 나의 어리석음과 게으름을 계속 탓하게 된다.

그런 시간의 흐름 속에서도 흔적이 남게 되어 여러 불편한 자국을 여기저기 붙이게 되었다. 그런 것들을 여기 한 자리에 모아 보았다. 물론 이렇게 한 자리에 모으니 더더욱 나의 어리석음이 한 눈에 띄게 되어 여간 쑥스러운 일이 아니다. 그래도 앞으로 이러한 어리석음을 조금 더 벗어날 수 있는 계기를 만들고 조금 더 부지런한 시간을 가지려는 욕심을 부려 보려고 이렇게 부끄러운 일을 하게 되었다. 그래서 민법논구 제1권으로 제목을 정하였다. 앞으로 제2권, 제3권이 계속 나오려면 스스로 열심히 하지 않으면 안된다. 이런 채찍을 내게 내리치기 위해서 제목을 이렇게 정한 것이다.

여기에 있는 글들은 그 동안 강의한 과목들과 관련이 있다. 처음 선생의 길에 나서서 어줍지 않게도 민법 전과목과 함께 민사소송법도 강의하였다. 그래서 실체법과 함께 절차법도 조금은 공부할 수 있었다. 그렇게 조금씩 공부한 것들을 글로 정리해 본 것이다. 그러다보니 글의 영역이 민법총칙에서부터 가족법에까지 그리고 민사소송법에까지 펼쳐지게 되었다. 글의 영역만 넓을 뿐 깊지는 못하여 아쉬움만 가득 남는다. 또한 공부량이 워낙 부족한데다가 기초가

튼실하지 못하여 부실한 글들이 되지 않았나 싶다. 그럼에도 불구하고 이렇게 모질게 마음먹고 책으로 낸 것은 반성의 시간을 갖기 위한 것이다. 이제 반백년으로 접어드는 나이에 한 번은 지나온 길을 되짚어 보아야 앞으로 나아갈 길을 바라볼 수 있지 않겠나 싶어서 부끄러움을 무릅쓰고 이 책을 펴낸다.

선생의 길을 갈 수 있게 해 주신 이호정 선생님께 감사드린다. 선생님을 닮아 보려고 애를 쓰지만 갈 길은 너무나 멀다. 멀리서 선생님 그림자를 바라보는 것만으로도 죄송함을 금할 수 없다. 언젠가는 그 은혜를 조금이라도 갚을 수 있지 않을까 하는 생각으로 공부를 계속해 나가려고 한다. 끝으로 요즈음 출판시장의 사정이 어려운데도 불구하고 이렇게 출판을 맡아주신 법영사의 고준영 사장님께 감사를 드린다.

2007년 5월 용현벌 인하대에서

임 성 권

차 례

제1부 민법총칙

제2부 물권법

제 4 부 가족법

제 5 부 민사소송법

제1부 민법총칙

제1장 월권표현대리의 성립요건
제2장 일상가사대리권과 표현대리

제 1 장 越權表見代理의 成立要件

[목 차]

[대상판결]

대법원 2000년 3월 23일 선고 99다50385 판결

[사실의 개요]

(1) 원고 甲은 1996년경 자신 소유의 부동산에 가처분등기가 경료되어 있는 사실을 모르고 이를 매도하였다가 그 매수인으로부터 형사고소를 당할 위험에 처하게 되자 소외 丙을 찾아가 법률상담을 하였는데, 丙은 이를 틈타 자신이 甲의 민·형사 문제를 처리하여 준다는 명목으로 甲으로부터 금 1억 3백만 원을 교부받아 갔다. 이에 甲은 1997년 4월경 丙을 변호사법위반죄로 고소하였는데, 그러자 丙은 같은 달 30일경 자신의 잘못을 시인하고 甲에게 자신이 편취한 돈에다 이자를 더하여 금 1억 1천만 원을 돌려주겠다고 제의하였다.

* 이 글은 인하대학교 법학연구소 법학연구 제4집(2001.12.) 129면-149면에 수록되어 있다.

(2) 그런데 丙에게는 별 재산이 없어 구체적인 합의가 이루어지지 않게 되자 丙은 자신의 지인인 소외 丁을 불러 그를 보증인으로 세우려 하였으나 丁 또한 충분한 재산이 없어 합의가 어려워졌고, 이에 丙은 자신의 손위 동서인 乙을 불렀는바, 그 자리에서 乙은 甲에게 丙의 甲에 대한 금 1억 1천만 원의 반환채무를 丁과 연대보증하겠다고 약속하면서 그에 대한 담보로 乙 소유 주택 및 그 대지에 근저당권을 설정해주기로 하였다.

(3) 乙은 위 약정에 따른 근저당권설정에 필요한 서류를 다음날 작성하여 주기로 하고 丙에게 그 근저당설정에 관한 대리권을 위임하였는데, 丙은 다음날인 1997. 5. 1. 법무사사무실에서 乙을 대리하여 법무사에게 乙 소유의 부동산에 관하여 근저당권설정등기 신청을 위임하면서, 甲이 추후 있을지도 모를 경매신청에 대비하여 담보제공자들 명의의 약속어음의 발행을 요구하자 약속어음의 발행에 관한 乙의 승낙이 없었음에도 불구하고 발행일 1997. 5. 1., 발행인 乙, 丁 및 丁의 처, 액면금 1억 1천만 원, 지급기일 1997. 10. 31., 지급장소, 발행지 및 지급지 각 서울특별시, 수취인 甲으로 된 약속어음의 乙의 이름 옆에 근저당권설정을 위하여 乙이 맡긴 인장을 함부로 날인하여 주었다.

[소송의 경과]

(1) 원심의 판단(서울지법 1999년 7월 16일 선고 99나10423 판결)

이 사건 약속어음 중 乙 명의 부분은 丙이 乙의 승낙을 받지 아니한 채 근저당권설정을 위하여 乙이 맡긴 인장을 이용하여 함부로 위조한 것이기는 하나, 乙이 1997. 4. 30. 원고 甲에게 丙의 甲에 대한 금 1억 1천만 원의 반환채무를 丁과 연대하여 보증하겠다고 약속하면서 그에 대한 담보로 乙 소유 주택 및 그 대지에 근저당권을 설정해주기로 한 바 있고, 그 후 실제로 근저당권을 설정함에 있어 丙이 자신의 甲에 대한 채무를 乙이 보증한다는 의미로 乙을 대리하여 이 사건 약속어음을 발행하였으니, 甲이 丙에게 乙 명의의 어음을 기명날인 대행의 방법으로 발행할 권한이 있다고 믿은 데 대하여 정당한 사유가 있다고 보아야 할 것이고, 이 점은 甲이 乙에게 丙의 약속어음 발행 권한 유무에 관하여 확인하지 않았다고 하더라도 마찬가지라 할 것이어서, 乙은 민법 제126조 소정의 표현대리 법리의 유추적용에 따라 위 약속어음의 발행인으로서의 책임이 있다.

(2) 대법원의 판단(대법원 2000년 3월 23일 선고 99다50385 판결)

① 다른 사람이 본인을 위하여 한다는 대리문구를 어음 상에 기재하지 않고 직접 본인 명의로 기명날인을 하여 어음행위를 하는 이른바 기관 방식 또는 서명대리 방식의 어음행위가 권한 없는 자에 의하여 행하여졌다면 이는 어음행위의 무권대리가 아니라 어음의 위조에 해당하는 것이기는 하나, 그 경우에도 제3자가 어음행위를 실제로 한 자에게 그와 같은 어음행위를 할 수 있는 권한이 있다고 믿을 만한 사유가 있고, 본인에게 책임을 질 만한 사유가 있는 때에는 대리방식에 의한 어음행위의 경우와 마찬가지로 민법상의 표현대리 규정을 유추적용하여 본인에게 그 책임을 물을 수 있다.

② 乙이 물상보증 외에 丙의 乙에 대한 금 1억 1천만 원의 채무 전액에 대하여 연대보증까지 하기로 한 것이 사실이라면, 그 이례성에 비추어 그에 관한 문서의 작성이 당연히 논의되었을 법한 데도, 그 작성에 관하여 어떠한 논의가 있었음을 인정할 자료가 전혀 없다(원심 인정 사실에 의하더라도 당시 乙은 근저당권설정 서류만을 다음날 작성하여 주기로 하였을 뿐이라는 것이다). 乙이 물상보증 외에 丙의 甲에 대한 채무 전액에 대한 연대보증까지 하였다고 볼 수는 도저히 없고, 오히려 乙

로서는 이 사건 부동산의 담보가치 범위 내에서 물적 유한 책임만을 부담하기로 하였다고 봄이 상당하다.

③ 합의의 직접 당사자로서 합의의 내용을 누구보다도 잘 알고 있을 甲이 물상보증만을 하기로 한 당초의 합의와 달리 금 1억 1천만원 전액에 대한 채무부담을 의미하는 丙의 이 사건 어음행위에 접하였다면, 甲으로서는 그것이 권한 없는 행위라는 점을 알았거나, 설사 몰랐다 하더라도 적어도 乙에게 이 사건 어음행위에 대한 권한을 수여한 바 있는지 확인해 보지 않은 데 대한 과실은 있다고 할 것이니, 丙의 이 사건 어음행위는 '어음행위를 실제로 한 자에게 그와 같은 어음행위를 할 수 있는 권한이 있다고 믿을 만한 정당한 사유가 있는 경우'에 해당하지 아니하여 표현대리의 규정이 유추적용될 수 없다고 할 것이다.

[연구]

I. 序論(논의사항)

본 대상판결은, 소위 "기관 방식의 대리"에 의한 경우 권한이 없는 때에도 표현대리가 적용될 수 있는 것인가에 대하여 적극판단을 하고 있고, 민법 제126조의 表見代理에 있어서 "그 권한이 있다고 믿을 만한 정당한 이유"를 일반적으로 저술에서 말하는 "善意 無過失"과 같은 것으로 해석하였다.

먼저 기관방식의 대리에 대하여 현재에도 이러한 것을 인정할 여지가 있는지 검토할 필요가 있다. 그리고 민법 제126조의 월권 표현대리의 적용요건에 대한 검토를 하려고 한다. 끝으로 이러한 논의를 바탕으로 이 판결의 타당성에 대한 판단을 하려고 한다.

Ⅱ. 本論

1. 기관방식의 대리

민법 제114조에 따라 대리행위를 하는 자의 행위가 대리행위로서 성립하려면 "본인을 위한 것임을 표시"하여, 즉 대리의사를 표시하여서 의사표시를 하여야 한다. 이를 顯名主義라 한다. 대리의사를 나타내는 일반적인 방법은 "甲의 대리인 乙"이라고 하는 것이다. 그러나 반드시 이러한 형식으로 본인의 성명을 명시하여야 하는 것만은 아니다. 회사의 이름과 직명을 밝히는 것으로 충분할 수도 있다. 예를 들면 영업소장이 한 식품공급계약은 주변사정으로 미루어 개인의 자격으로 한 것이 아니라 회사를 대리하여 한 것으로 보는 것이 타당하다.1) 민법 제115조 단서가 바로 이러한 취지를 나타내는 것으로 해석하는 견해가 일반적이다.2)

그런데 대리인이 마치 본인 자신이 하는 것과 같은 외관으로 행위를 하는 경우도 있다. 즉, 법률행위를 함에 있어서 계약서면 등에 본인의 이름만을 적고 본인의 인장을 찍는 방법으로 대리행위를 하는 경우가 있다. 이러한 방식의 것을 일러 "기관방식에 의한 대리행위"라고 말한다. 이에 대하여 대리인에게 대리의사가 있는 것으로 인정되는 한, 유효한 대리행위로 보아야 할 것이라고 한다.3)

이러한 해석은 대리제도에 익숙하지 않은 대중들이 인장에 더 무게를 두어 거래를 한다는 관점에서 인정하였던 것으로 보인다. 그러나 이러한 해석은 민법 제114조의 명문규정에 반하고, 전근

---

1) 대법원 1968.3.5. 선고 67다2297 판결

2) 곽윤직, 민법총칙, 신정 수정판, 박영사, 1998년, 465면.

3) 위 책, 466면. 판례의 태도도 같다. 대법원 1987.6.23. 선고, 86다카1411 판결; 대법원 1963.5.9. 선고, 63다67 판결

대적인 것으로서, 민법 도입 초기와는 사정이 많이 달라진 현재로서는 현명주의에 반하는 대리방식에 대하여 긍정하는 태도는 재고하여야 마땅하다.

이 사건의 경우 "다른 사람이 본인을 위하여 한다는 대리문구를 어음 상에 기재하지 않고 직접 본인 명의로 기명날인을 하여 어음행위를 하는 이른바 기관 방식 또는 서명대리 방식의 어음행위"를 인정하고 있는 점은 종전의 태도를 견지한 것이라고 하더라도, 이러한 기관방식의 대리행위가 그나마 "권한 없는 자에 의하여" 행하여진 것이라면 "이는 어음행위의 무권대리가 아니라 어음의 위조에 해당하는 것"이라는 설명이 타당하다. 그럼에도 불구하고 "제3자가 어음행위를 실제로 한 자에게 그와 같은 어음행위를 할 수 있는 권한이 있다고 믿을 만한 사유가 있고, 본인에게 책임을 질 만한 사유가 있는 때에는 대리방식에 의한 어음행위의 경우와 마찬가지로 민법상의 표현대리 규정을 유추적용하여 본인에게 그 책임을 물을 수 있다"라고 판시한 것은 월권표현대리의 요건에 대한 이해를 잘못한 것으로 보인다. 아래에서 이에 대한 검토를 한다.

2. 越權表見代理의 成立要件

민법 제126조의 表見代理가 인정되기 위한 요건으로 판례와 통설은 ① 대리인이 권한 밖의 행위를 하였을 것, ② 제3자가 그 권한이 있다고 믿을 만한 정당한 이유가 있을 것 등을 요구한다. 이 요건들의 검토에 있어서 법정대리권이 여기의 基本代理權이 될 수 있느냐 하는 점과 두 번째 요건의 정당한 이유의 판단기준, 그리고 다른 表見代理의 요건인 善意 · 無過失 요건과의 비교 등을 논의하여야 할 것이다.

(1) 法定代理에 적용 여부

法定代理權도 基本代理權이 되는가?[4] 法定代理關係에서는 본인의 의사와 상관없이 대리관계가 발생하는 데도 불구하고 表見代理의 규정이 任意代理關係에서와 마찬가지로 적용되는가 하는 문제가 등장하게 된다.

1) 학설

이 문제에 대하여 종래의 통설은 法定代理에도 이 조항이 적용된다고 한다.[5] 따라서 법정대리인이 그 동의 없이 대리행위를 한 때에도 제126조를 적용하여야 한다고 한다.

그러나 法定代理의 경우를 둘로 나누어, 無能力者의 法定代理에 있어서 法定代理人의 권한이 친족회의 동의를 요하는 경우(민법 제950조)에 法定代理人이 그 동의 없이 대리행위를 한 때에는 이 조항을 적용할 수 없다고 하고 日常家事代理權의 경우에는 이 조항의 적용을 긍정하는 견해가 있다.[6] 즉 전자의 경우에 表見代理를 적용하게 되면 민법 제950조 제2항이 死文化된다는 이유에서 그 적용을 배제한다는 것이다.[7]

---

4) 우리 나라에서는 통설과 판례 모두 민법 제126조의 적용 전제로서 基本代理權을 요구하고 있다. 일본에서는 基本代理權도 필요하지 않다는 견해가 소수설로 주장되고 있으나 여기서는 다루지 않는다(민법주해, 제3권 143면 주19 참조).

5) 곽윤직, 앞의 책, 400면; 김상용, 민법총칙, 개정판, 법문사, 1995년, 711면; 김증한, 민법총칙, 진일사, 1976년, 392면; 민법주해 제3권 173면; 김주수, 민법총칙, 제4판, 삼영사, 1996년, 445면. 다만, 동 446면에서 日常家事代理權을 민법 제126조의 基本代理權으로 할 수는 없다고 한다. 그 이유는 부부별산제를 해치기 때문이라고 한다.

6) 이영준, 민법총칙, 전정판, 박영사, 1995년, 590면.

7) 김용한, 민법총칙론, 전정판, 1986, 380면: 그 이유로 "후견인이 일정한 중요사항에 관하여 대리를 하는 경우에는 친족회의 동의를 얻어야 하고, 계모 · 적모 등이 자기의 출생 아닌 子에게 친권을 행사하는 경우에도 역시 동일하다는 것은 제912조와 제950조 제1항에 의하여 명백하지만, 이에 위반된 경우에는 제950조 제2항에 의하여 피후견인 또는 친족회가 그 행위를

전면적으로 부정설을 택하는 견해도 있다.[8] 부정설에 가까운 견해도 있다. 즉 이 견해는, 고도의 유통성을 지닌 유가증권 기타 이에 준하는 거래에 있어서 거래의 안전을 보호할 필요가 있을 때를 제외하고는 그 적용을 고려하지 않아야 하며 日常家事代理權의 경우에는 法定代理로 보기보다는 夫婦間의 黙示的 授權行爲가 있었음을 법률로 표현한 것이라고 본다.[9]

2) 판례

法定代理에 越權表見代理를 적용할 것인가라는 문제에 대하여 법원은 긍정하는 태도를 보이고 있다.[10] 친권자인 부가 미성년자의 인장과 그 소유부동산에 관한 권리증을 그 처에게 보관시켜 그 처가 그 부동산을 타에 담보로 제공한 경우에는 특별한 사정이 없는 한 표현대리 행위가 된다고 한다.[11] 한정치산자의 후견인이 친족회의 동의를 얻지 않고 피후견인의 부동산을 처분하는 행위를 한 경우에도 상대방이 친족회의 동의가 있다고 믿은 데에

취소할 수 있도록 하고 있기 때문이다. 만약 통설적 견해와 같이 그러한 경우에도 표현대리의 성립을 인정한다면 제950조 제2항의 규정은 死文化되고 만다는 것을 유의하여야 한다. 다만 동의를 준 친족회의 결의가 취소되거나 또는 무효인 경우에는 제126조에 의하는 표현대리의 성립을 인정하여도 무방할 것이다."라고 설명하고 있다(다만 1990.1.13. 민법의 개정으로 제912조는 삭제되었으므로 이제 계모나 적모에게 친권 자체가 없어졌다).

8) 이은영, 민법총칙, 박영사, 1996년, 642면. 그리고 김증한 · 김학동, 민법총칙 제9판, 박영사, 451면은 無能力者의 法定代理에는 그 적용을 부정하고, 日常家事代理의 경우에는 그 적용의 의미가 없다고 하여 부정설을 채택한 것으로 보인다.

9) 고상용, 민법총칙, 법문사, 1990년, 636면.

10) 대판 1967.8.29, 67다1125(夫婦간의 대리); 대판 1968.8.30, 68다1051(친권자 아닌 모의 表見代理); 대판 1970.10.30, 70다1812(夫婦간의 대리); 대판 1981.6.23, 80다609(夫婦간의 대리); 대판 1987.5.26, 86다카1821(夫婦간의 대리); 대판 1995. 12.22, 94다45098(夫婦간의 대리. 그러나 이 사건의 경우 부인에게 별도의 대리권이 있었음이 인정되어 일상가사대리권만이 기초적 대리권으로 판단받은 경우와는 다르다); 대판 1997.6.27, 97다3828(한정치산자의 후견인) 등.

11) 대판 1968.8.30, 68다1051(친권자 아닌 母의 表見代理).

정당한 사유가 있는 때에는 본인인 한정치산자에게 그 효력이 미친다고 한다.[12] 그리고 부부간에는 일상가사대리권을 기초로 하여 처에게 저당권 설정에 관한 권한을 수여한 사실이 없다 하더라도 부동산에 관한 처의 저당권설정행위는 권한 밖의 법률행위를 한 경우에 해당하며, 부동산에 관한 권리문서를 처에게 맡겨두고 다녔으며 저당권자가 그 취득당시에 권리문서가 처의 수중에서 나온 것이라고 믿고 있었다면 처에게 저당권 설정에 관한 권한이 있다고 믿을 만한 사유가 있는 때에 해당한다고 볼 수 있다고 한다.[13] 또 처가 남편 명의로 금원을 차용하고 그 담보로 남편 소유의 부동산에 가등기를 설정하여 준 행위를 일상가사대리권을 넘은 표현대리행위라고 인정하고 있다.[14] 따라서 법원은 일상가사대리권을 기초적 대리권으로 보고 있는 것이다.

3) 검토

表見代理의 경우에 본인이 책임을 지는 이유는 대리권이 없음에도 불구하고 마치 있는 것과 같은 外觀이 발생한 데에 대하여 본인이 어느 정도의 원인을 제공하였기 때문이라고 한다. 즉 그러한 外觀의 형성에 기여한 본인에게 책임을 돌려서 그 外觀을 신뢰한 善意·無過失의 제3자를 보호하고 거래의 안전을 보장하며 나아가서는 대리제도의 신용을 유지하려는 것이 表見代理制度라고 한다.[15] 우리 민법은 제125조에서 대리권을 주었다는 뜻을 상대방에게 표시하였으나 실은 대리권을 주고 있지 않은 때, 제126조에서는 대리인이 권한 밖의 행위를 한 경우, 제129조에서 대리권이 소멸한 경우를 규정하고 있다. 이들 경우에 任意代理라면 본인이 그러한 外觀을 형성하여 상대방의 신뢰를 발생시켰다

12) 대판 1997.6.27, 97다3828

13) 대판 1967.8.29, 67다1125

14) 대법원 1981.6.23. 선고 80다609 판결

15) 곽윤직, 앞의 책, 392면.

는 기여도를 고려하여 본인이 그러한 책임을 지는 것이 타당하다고 할 수 있을 것이다. 그러나 法定代理의 경우에도 그러한 입론이 여전히 가능할 것인가는 의문이 아닐 수 없다. 민법 제125조의 경우 法定代理에는 전혀 적용이 없을 터이므로 논의할 필요가 없으나 민법 제126조의 "代理人이"라는 문구나 제129조의 "代理權의 消滅은"의 문구는 任意代理만을 전제로 하는 것이 아니라는 해석이 문언상 가능하기 때문에 대부분의 학설은 이를 法定代理에도 적용하는 것을 당연시하고 있다. 그러나 法定代理의 경우에는 그 대리권의 외양에 대하여 과연 본인에게 책임이 있다고 할 것인지 각 경우를 나누어 살펴볼 필요가 있다.

가) 지정행위와 법원의 선임에 의한 법정대리

본인 이외의 일정한 지정권자의 지정으로 대리인이 되는 경우, 즉 지정후견인(제931조) · 지정유언집행자(제1093조, 제1094조) 등의 경우 중에서 지정후견인은 아래에서 보는 후견인과 달리 볼 필요가 없으므로 후자의 경우와, 법원이 선임하는 자가 대리인이 되는 경우인 부재자재산관리인(제23조, 제24조) · 상속재산관리인(제1023조, 제1044조 등) · 유언집행자(제1096조) 등의 경우에는 법률의 규정에 따른 행위만을 할 수 있으므로 제126조의 적용이 문제되지 않는다.

나) 일정한 법적 지위에 기한 법정대리

본인에 대하여 일정한 지위에 있는 자가 당연히 대리인이 되는 경우에는 그 대리권의 발생원인은 법률의 규정이다. 즉 친권자(민법 제911조, 제920조) · 후견인(민법 제932조, 제933조) 등이 이에 해당되는데 이들의 경우에는 無能力者 본인을 보호하기 위하여 인정된 대리권인데 이들의 행위에 의하여 본인인 無能力者의 보호가 되지 않는 그런 때에는 이들 규정의 취지가 탈색될 위험에 놓이게 된다. 물론 無能力者의 절대적 보호가 법의 목적이라고 할 수는 없을 것이다.[16] 민법 제126조의 한 경우라고도 볼 수 있는 예로서, 공동친권자 중 일방이 공동명의로 대리한 경우에 다른 일방의 의사에 반하더라도 상대방이 악의가 아니라면 그 효력을 인정하고 있다(민법 제920조의2). 그러나 親權者와 그 子 사이의 이해상반행위(민법 제921조)에 대하여 法定代理人인 친권자가 법원에 그 子의 특별대리인 선임을 청구하지 않고 대리행위를 한 경우에는 민법 제126조의 적용이 문제될 여지가 없을 것이다. 왜냐하면 친권자가 자신과 子의 이해상반행위에 대하여 특별대리인을 선임하지 않고 자신이 대리행위를 하였다면 이때는 자신의 행위가 월권임을 이미 알고 있는 것이므로 無權代理가 문제될 뿐이기 때문이다.

그러나 민법 제950조의 제한에 반하여 法定代理人인 후견인이 대리행위를 한 경우, 즉 제950조에 규정하는 행위를 친족회의 동의 없이 대리행위를 한 때에는 제950조 제2항이 적용되어야 할 것이다. 이 때 상대방이 越權表見代理를 주장한다면 민법 제126조가 적용될 것인가에 대하여 학설이 나뉘고 있다. 다수설인 긍정설은 法定代理와 任意代理의 한계가 명백하지는 않고 無能力者의 보호도 민법의 절대적인 대원칙일 수는 없으며 긍정하더라도 法定代理의 특수성을 감안하여 善意 無過失의 인정을 엄격히 운용하면 일방적으로 상대방을 보호하여 無能力者를 희생시키는 결과로는 되지 않을 것이고 오히려 일률적으로 상대방의 보호를 부정하는 쪽이 융통성을 잃게 되어 문제가 될 것이라고 한다.[17] 소수설인 부정설의 견해는 제950조 제1항의 규정에 위반한 경우 동조 제2항에 의하여 피후견인 또는 친족회가 그 행위를 취소할 수 있는데 다수설의 견해처럼 이 경우에도 表見代理의 성립을 긍정한다면 제950조 제1항의 규정이 死文化한다는 것을 이유로 들고

16) 곽윤직, 민법주해 제3권(손지열 집필부분), 173면.

17) 위 책, 173면.

있다.[18] 그리고 긍정설에 따르면 無能力者의 보호를 포기하는 결과로 되어 구체적 타당성을 실현하려는 민법의 이념에 반한다는 것을 이유로 하는 부정설도 있다.[19]

이러한 논의의 대립에 대하여 논의되는 상황에 대한 문제의 제기를 하면서 제126조의 적용이 문제되는 경우를 다르게 보는 견해가 있다. 즉 다수설과 소수설이 부딪히는 전제가 되는 제950조 제1항의 규정에 위반하여 친족회의 동의를 얻지 않고 동조 제1항 각호의 행위를 한 경우 동조 제2항에 따라 처리하게 되고, 다만 제126조의 적용을 긍정할 수 있는 경우는 法定代理人이 친족회의 동의서를 위조한 경우 또는 동의를 한 친족회의 결의가 취소된 경우 등이라고 한다.[20]

이 견해가 문제를 가장 타당하게 보고 있는 것 같다. 이렇게 보면 법규정의 취지는 훼손되지 않으며 無能力者의 보호와 상대방의 보호가 형평을 이룰 수 있다. 긍정하는 견해에서 法定代理의 경우에는 특수성을 감안하여 운영을 잘 하면 일방적으로 상대방을 보호하는 것이 되지 않는다고 하나, 같은 규정을 적용하면서 규정의 근거도 없이 대리권의 종류에 따라 해석 적용을 달리하는 것은 곤란하다.

다) 부부간의 일상가사대리권의 경우

민법 제827조의 夫婦간의 가사대리권의 경우에는 일반적으로 이 조항의 적용대상이 된다고 보고 있다. 夫婦간의 日常家事代理權은 민법 제126조의 적용에 있어 基本代理權으로서 인정할 수 있는가 하는 문제가 있다. 이를 긍정하는 견해가 다수설이다.[21]

---

18) 김용한, 민법총칙, 373면.

19) 이영준, 앞의 책, 590면.

20) 김주수, 앞의 책, 445면 주135. 그러나 동, 친족상속법, 제5전정판, 법문사, 1998년, 341면에서는 일반적으로 제126조의 적용을 긍정하고 있다.

21) 곽윤직, 주 2)의 책, 400-401면; 이영준, 앞의 책, 590면; 김상용, 앞의 책, 713면; 이은영, 앞의 책, 643-644면. 다만, 고상용, 앞의 책, 637면은 日常家

그 근거로는 日常家事代理權은 法定代理權으로서 대리권이므로 당연히 적용할 수 있다고 보거나,[22] 無能力者의 보호 같은 문제가 생기지 않는 것이므로 인정할 수 있다고 한다.[23] 일부 견해는 日常家事代理權을 대표권으로 보고 日常家事의 범위를 개별적 구체적인 범위와 일반적 추상적인 범위로 나누고, 개별적 구체적인 범위를 벗어난 행위가 일반적 추상적인 범위 내에 있는 경우에만 表見代理規定을 유추적용하여야 하며 일반적 추상적인 범위를 벗어나 경우에는 대리의 일반이론에 따라 따로이 대리권의 수여가 있는 경우에만 제126조의 表見代理가 적용되어야 한다고 한다.[24] 또 이 견해는 日常家事代理행위의 효과가 귀속하는 효과면에서 볼 때 단순한 法定代理라기 보다는 일종의 '대표'라고 보는 것이 어떨까 하는 제안을 하고 있다.[25] 한 걸음 더 나아가 대표권이라고 보는 견해도 있다.[26] 그러나 스위스 민법 제163조 제1항 "妻는 日常家事의 수행에 있어서 夫와 함께 婚姻共同體를 대표하는 권한을 가진다"와 같은 규정이 있으면 모를까 우리 민법의 해석상 日常家事代理權을 대표권의 일종으로 보기는 힘들지 않을까 한다. 그러나 이 견해는 日常家事代理權이 통상의 法定代理와는

事代理權을 法定代理로 보기 보다는 夫婦간에 상호대리권수여행위가 행하여진 것으로 보는 것이 타당하지 않겠는가 하는 시각을 제시하면서 제126조의 적용을 긍정하고 있다. 즉 제827조는 夫婦간의 묵시적 수권행위가 있었음을 법률로 표현한 것에 지나지 않는다고 보는 것이 좋지 않겠는가 하는 제안을 하고 있다. 이러한 고민은 아마도 우리 가족법이 서로 다른 제도를 혼용하여 섞어 놓았기에 발생한 문제를 해결하려는 데서 생기는 것이 아닐까 하지만 법규정을 완전히 무시하는 해석은 곤란하지 않을까 한다.

22) 곽윤직, 주 2)의 책, 400면.

23) 이영준, 앞의 책, 592면.

24) 김주수, 민법총칙, 446면. 日常家事代理權을 근거로 表見代理규정을 적용하는 것은 부정한다. 동, 친족상속법, 156-157면.

25) 김주수, 친족상속법, 157면.

26) 권오승, "민법 제126조의 表見代理와 日常家事代理權", 민사판례연구 5권 (83.5), 14면.

성격이 다르다는 것을 나타내려고 한 것이 아닐까 한다.

夫婦간의 日常家事代理權에 있어서는 그 대리권의 범위가 日常家事로 한정되어 있어 그 越權代理는 日常家事의 범위를 넘은 것임을 누구나 알 수 있으므로 이를 基本代理權으로 인정하더라도 실제로는 제126조의 요건을 갖추지 못하고, 따라서 이 경우에 거래의 보호를 위하여 法定代理에도 제126조의 적용을 인정한다고 하는 의도가 전혀 유명무실하게 된다고 하면서 부정설을 택하는 견해도 있다.[27)]

대법원의 태도는 판례의 표현이 모호하여 정확히 알기 어려워 그 견해를 보는 입장도 나뉘고 있다. 먼저 처가 집에 있는 남편의 실인과 등기권리증 등을 가지고 남편의 위임을 받았다고 말하면서 남편 소유의 부동산에 대하여 근저당권설정계약 등 法律行爲를 하여 그 등기를 경료한 사건에서 "일반사회통념상 남편이 아내에게 자기 소유의 부동산을 타인에게 근저당권 설정 또는 소유권이전 등에 관한 등기절차를 이행케 하거나 그 각 등기의 원인되는 法律行爲를 함에 필요한 대리권을 수여하는 것은 이례에 속하는 것이므로 …… 제126조의 表見代理가 되려면 그 아내에게 그 행위에 관한 대리권이 있음을 믿었음을 정당화할 객관적인 사정이 있었어야 할 것"이라고 판시하였다.[28)] 이 판결을, 日常家事代理權은 基本代理權이 될 수 있으나 문제된 월권행위에 대하여 그 권한을 수여받았다고 믿을 만한 정당한 이유가 있는 때에만 越權表見代理가 성립된다는 것으로 이해하는 견해가 있는가 하면,[29)] 日常家事의 범위 내의 행위라고 믿을 만한 정당한 사유가

27) 김증한 · 김학동, 앞의 책, 451면.

28) 대판 1968.11.26, 68다1727, 1728. 이후 법원의 태도는 분명하지는 않지만 대체로 비슷한 견해를 취하고 있는 것으로 보인다. 대판 1969.6.24, 69다633; 대판 1970.3.10, 69다2218; 대판 1970.10.30, 70다1812; 대판 1971:1.29, 70다2738; 대판 1981.8.25, 80다3204 등.

29) 민법주해, 제3권, 176면.

있는 때에 한해서 제126조의 적용을 인정한다는 취지로 이해하는 견해도 있다.30) 그리고 처의 행위가 개별적 구체적인 日常家事의 범위는 넘었지만, 일반적 추상적인 日常家事의 범위 내라고 믿을 만한 정당한 이유가 있는 경우에는 민법 제126조의 表見代理를 적용하지만 이를 다시 넘은 경우에는 日常家事代理權을 기초로 하여 민법 제126조의 表見代理를 적용할 수는 없고 다만 당해 행위에 대하여 대리권을 수여하였다고 믿을 만한 충분한 객관적인 사정이 있는 경우에 한하여 이를 신뢰한 제3자를 보호하려는 것으로 이 판례들을 이해할 수 있다고 보는 견해도 있다.31)

日常家事代理權의 경우 그 법적 성격이 모호한 면이 많다. 그러나 우리 현행법상으로는 틀림없는 法定代理權이다. 그러나 法定代理權으로 보더라도 日常家事代理權의 특수한 성격으로 인하여 越權表見代理에 문의하여도 정당한 이유를 인정받는 일은 거의 생기지 않을 것이다. 왜냐하면 日常家事代理權은 日常家事의 범위에 속하는 범위 내에서만 의미가 있으며 그 범위를 넘어서는 경우에는 夫婦別産制를 해하게 되므로 表見代理로 인정하여서는 안될 것이다.

(2) "제3자가 그 권한이 있다고 믿을 만한 정당한 이유"와 善意·無過失

1) 학설

대부분의 견해는 여기의 "정당한 이유"가 바로 상대방의 선의·무과실이라고 본다.32) 또는 제반의 사정을 객관적으로 관찰하여 대리권이 있다고 믿는 것이 보통인으로서는 당연하다고 생각되는

30) 곽윤직, 주 2)의 책, 401면.

31) 권오승, 앞의 논문, 17면.

32) 곽윤직, 위 책, 398면; 김증한·김학동, 앞의 책, 445면; 김주수, 민법총칙, 443면; 고상용, 앞의 책, 629면; 김증한, 앞의 책, 391면.

것을 말한다고도 한다.[33] 이에 대하여 "정당한 이유가 있는 때"라 함은 "상대방이 믿은 데 과실이 없는 때"보다 좁은 개념이고, 과실은 주관적 의미를 갖는 데 반해, 정당한 이유는 전혀 객관적 의미라고 하는 반대설이 있다.[34] 따라서 정당한 이유의 판단기준도 普通人이 아니라 理性人(reasonable man)이 기준이 된다고 한다.[35]

2) 판례

판례는, "제3자가 그 권한이 있다고 믿을 정당한 이유가 있을 때라 함은, 제3자로 하여금 대리인이 본인을 위하여 그 거래를 할 권한이 있을 것이라는 관념을 야기시키기에 족한 사정이 있는 경우를 지칭하는 것으로서 환언하면 제반사정에 비추어 보통의 주의력을 가진 사람의 擧止로서 아무런 과실이 없는 경우를 말한다"라고 하면서[36] 한편, "表見代理에 있어서 제3자에게 대리권이 있다고 믿은 데 정당한 이유가 있다고 함은 제3자에 과실이 없다는 뜻도 포함되었기 때문에 제3자의 無過失까지 판단할 필요는 없다"고 한다.[37] 그러면서도 "그 행위에 관한 대리의 권한을 주었다고 믿었음을 정당화할 만한 객관적인 사정이 있어야" 한다고 한다.[38]

3) 검토

다수설은 제126조의 "정당한 이유"를 다른 表見代理의 규정에서의 "善意 · 無過失"과 같은 것으로 보고 있으나 그렇게 본다면 법조문의 문구가 다르게 규정된 의미를 무시하는 것이다. 그리고

---

33) 김증한, 앞의 책, 391면; 곽윤직, 주2)의 책 399면.

34) 이영준, 앞의 책, 585면; 이은영, 앞의 책, 641면; 김상용, 706면; 배병일, "민법 제126조 表見代理에 있어서 정당한 이유", 사법행정 1993년 6월호, 5면.

35) 이영준, 위의 책, 586면.

36) 대판 1954.3.16, 4286민상215; 대판 1959.8.27, 4292민상331.

37) 대판 1963.9.12, 63다428.

38) 대판 1968.11.26, 68다1727, 1728; 대판 1970.3.10, 69다2218 등.

소수설이 주장하는 바와 같이 越權表見代理는 나머지 두 가지의 表見代理와는 성격이 다른 점이 있다.[39] 즉 제126조의 表見代理를 살펴보면, 表見代理行爲가 基本代理權과 동종의 대리권이라면 정당한 범위내의 대리행위와 그 정당한 범위를 넘어 이루어지는 대리행위로 나누어볼 수도 있는데 전자는 유권대리요, 후자는 無權代理로서 이것은 일부무효의 법리에 따르면 원칙적으로 전체가 無權代理라고 하여야 할 것이지만, 表見代理로 규정하면서 다른 表見代理의 요건으로는 "善意 · 無過失"을 요구하면서도 越權表見代理에 있어서만 "정당한 이유"를 요구한 것은, "善意 · 無過失"의 요건보다 엄격한 내용을 요구한 것으로 보아야 할 이유가 된다.

따라서 상대방의 "善意 · 無過失"만으로는 부족하다고 하여야 할 것이다. 즉 상대방이 대리인의 권한 있음을 적극적으로 믿었어야 하며, 이에 대하여 약간의 의심도 없었어야 한다. 또한 그 평가는 객관적으로 하게 된다. 다시 말하면 일종의 사후판단에 따르게 되는 셈이다.[40]

(3) 정당한 이유의 판정기준

1) 판정시기

통설 · 판례는 정당이유의 유무를 거래 당시의 사정으로부터 객관적으로 거래의 관념에 따라 판단하여야 한다고 한다.[41] 따라서

---

39) 이영준, 앞의 책, 585-586면.

40) 그러나 소수설에서 판단의 기준으로 이성인을 내세우는 것은 타당하지 않다고 본다. 이렇게 본다면 민법 제126조의 表見代理가 인정되는 경우는 거의 없을 것이다. 정상적인 인식력을 갖고서 판단하는 통상인의 개념으로 충분하다. 또 판례(대판 1970.10.30, 70다1812)에서 사실심 변론종결시까지의 모든 사정까지도 종합하여 객관적으로 정한다고 한 것은, 이성인을 전제로 한 것이라고 볼 것이 아니라, '대리인에게 정당한 대리권이 있다고 믿는 상대방'에게 그렇게 믿을 만한 이유가 있는지를 객관적으로 사후 판단한다는 뜻으로 보아야 할 것이다.

41) 곽윤직, 주 2)의 책, 399면; 김증한 · 김학동, 앞의 책, 445면; 김주수, 민법총칙, 443면; 주재황 김증한 편집대표, 주석 민법총칙(하), 한국사법행정학

권한을 넘은 表見代理에 있어서 대리인에게 그 권한이 있다고 믿을 만한 정당한 이유가 있는가의 여부는 대리행위 당시를 기준으로 판단하여야 하는 것이므로 無權代理人이 매매계약 후 잔대금 수령시에 가서야 비로소 본인 명의의 등기권리증, 인감증명서, 위임장, 매도증서 등을 상대방에게 제시한 사정만으로는 상대방이 無權代理人에게 그 권한이 있다고 믿을 만한 정당한 이유가 된다고 할 수 없다고 한다.[42)]

이에 대하여 반대하는 견해가 있다. 사실심의 변론종결시, 즉 정당한 이유의 유무를 판단할 때까지 존재한 일체의 사정, 예컨대 無權代理行爲 후 無權代理人이 그 수취한 반대급부를 본인을 위하여 사용하였는가, 임의로 유용하였는가 등도 고려하여 판정할 것이라고 한다.[43)]

그러나 無權代理人과 그 상대방이 法律行爲를 한 당시를 기준으로 판정하여야 할 것이다. 왜냐하면 그 행위시에 상대방이 신뢰하였는지 여부를 판정하여야 하기 때문이다. 다만 그 판정만 사후적으로 객관적으로 판단하게 되는 것일 뿐이다.

2) 本人의 歸責事由의 要否

정당한 이유가 있었음을 인정하기 위하여 본인의 귀책사유가 필요한가의 문제이다. 즉 상대방이 無權代理人의 대리행위를 신뢰하게 된 데에 본인의 사정(과실 또는 행위)이 그 원인이 되어야 하는가 하는 문제인 것이다.

이에 대하여 통설은 부정하는 견해를 보이고 있다.[44)] 대리제도의 일반적인 신용의 유지와 거래의 동적 안전을 확보하기 위하여

회, 1979년, 407면; 대판 1981.8.20, 80다3247; 대판 1981.12.8, 81다322; 대판 1989.4.11, 88다카13219 등.

42) 대판 1981.8.20, 80다3247.

43) 이영준, 앞의 책, 586면.

44) 김주수, 앞의 책, 445면; 김증한, 앞의 책, 391면.

본인에게 무과실책임을 지우는 것이라고 한다.[45)]

반면에 본인의 과실 등이 필요 없다고 하는 것과 越權表見代理의 성부를 판단함에 있어서 이를 고려할 수 있는가라는 문제는 서로 별개의 것이며 오히려 충분히 고려하여야 한다는 견해도 있다.[46)] 반면에 본인에게 過責性이 필요하다는 견해도 있다.[47)] 후자의 견해는 表見代理制度의 취지 및 공평의 원칙을 고려할 때 본인에게 過責性이 있어야 비로소 본인의 책임이 인정된다고 할 것이라고 한다.

表見代理制度의 인정취지는, 그러한 外觀의 성립에 일정 부분 기여한 본인에게 그 책임을 지우면서 대리제도를 유지하는 것이라고 할 수 있지만, 表見代理의 成立要件으로서 본인에게 그러한 과실 등의 사유가 필요한 것은 아니다. 본인에게 過責性이 요건으로서 필요하다면 법문에 근거가 있어야 할 것이다. 다만 越權表見代理의 성립 여부를 판단함에 있어 고려할 요소임은 분명하다. 따라서 "정당한 이유"의 인정 여부에서 판단자료가 되는 것이고 그것으로 충분하다고 할 것이다.

3) 立證責任

가) 학설

민법 제125조와 제129조에서는 단서 조항에서 "제3자가 …알았거나 알 수 있었을 때에는", "제3자가 과실로 인하여 그 사실을 알지 못한 때에는"라는 표현을 쓰고 있는데 반하여 제126조에서는 본문에서 "제3자가 그 권한이 있다고 믿을 만한 정당한 이유가 있는 때에는 본인은 그 행위에 대하여 책임이 있다"라고 규정하여 그 규정의 형식이 前2者의 경우와 다르다. 이 점 때문에 그 해석에 있어 다양한 견해가 나타나고 있다.

---

45) 장경학, 민법총칙, 법문사, 1988년, 594면.

46) 민법주해, 제3권 157면.

47) 김증한 · 김학동, 앞의 책, 448면.

제126조의 경우를 다른 表見代理와 다르게 다루어야 할 특별한 이유가 없으므로 본인이 상대방의 惡意 · 有過失을 입증하여야 한다는 견해가 다수설의 지위를 차지하고 있다.[48] 반면에 정당한 이유를 다수설과 같이 善意 · 無過失로 이해하면서도 그것의 입증책임은 상대방에게 있다고 하는 견해도 있고,[49] 상대방은 善意를 입증하여야 하고 過失은 본인이 입증하여야 한다는 견해도 있다.[50]

한편 정당한 이유는 善意 · 無過失이 아니라고 보는 견해에서는 정당한 이유의 입증책임은 상대방에게 있다고 보고 있다.[51] 물론 이 경우 법조문의 규정형식이나 성질이 다르므로 상대방이 입증하여야 한다고 한다.[52] 또는 상대방의 선의 · 무과실을 요건으로 하는 것이 아니라 그것보다는 좁은 '정당한 이유'를 요건으로 하는 것이므로 정당한 이유의 존재를 이유로 하여 제126조의 表見代理를 주장하는 자가 적극적으로 이를 입증하여야 한다고 한다.[53]

나) 판례

대법원은, 表見代理에 있어서 본인에게 책임을 지우게 하려면 상대방이 선의였다는 점과 그가 대리인에게 대리할 권한이 있다고 믿을 만한 정당한 이유가 있었다는 점을 판단하면 되고, 상대방의 선의와 대리인에게 그 권한이 있다고 믿을 만한 정당한 이유가 있으면 한편 상대방에게 과실이 없었다는 것도 나타내는 것

48) 곽윤직, 주 2)의 책, 399면; 김주수, 앞의 책, 443면; 장경학, 앞의 책, 593면; 김증한, 앞의 책, 391면; 민법주해 제3권 159-160면.

49) 고상용, 앞의 책, 635면.

50) 김증한 · 김학동, 앞의 책, 446면.

51) 이영준, 앞의 책, 589면; 백태승, 민법총칙, 법문사, 2000년, 503면; 이은영, 앞의 책, 641면; 김상용, 앞의 책, 707면.

52) 이영준, 위의 책, 589면. 정당한 이유는 본인이 책임을 지게 되는 작접요건사실이기 때문이라고 한다.

53) 김상용, 앞의 책, 707면.

이라고 한다.[54] 즉 정당한 이유란 선의와는 별개의 개념이나 무과실을 포함하는 것이라는 것과 무과실은 정당한 이유의 소극적 측면에 불과하므로 독립한 요건사실이 되지 않는다고 한다. 또 한편으로는 민법 제126조의 表見代理의 주장 입증책임은 상대방에게 있다고 하여 정당한 이유의 입증책임은 表見代理의 효력을 주장하는 자, 즉 상대방에게 있다고 한다.[55]

다) 小結

앞에서 언급한 바와 같이 越權表見代理의 경우에는 다른 表見代理에서와는 다른 구조를 갖고 있다.[56] 그리고 민법 제126조는 表見代理의 적극적 成立要件을 규정하고 있는 것으로 보인다. 따라서 그 법률효과인 表見代理의 성립으로 인한 본인의 책임을 주장하는 자가 그 成立要件을 입증하여야 할 것이다. 실제 소송에서는 정당한 이유의 유무를 밝히는 것에 초점을 맞추게 될 것이다.

Ⅲ. 본 사안에 대한 결론

대법원의 판시사항 중 ①에 대하여 검토한다.

다른 사람이 본인을 위하여 한다는 대리문구를 어음 상에 기재하지 않고 직접 본인 명의로 기명날인을 하여 어음행위를 하는 이른바 기관 방식 또는 서명대리 방식의 어음행위가 권한 없는 자에 의하여 행하여졌다면 이는 어음행위의 무권대리가 아니라 어음의 위조에 해당하는 것이라고 보아야 한다. 따라서 이러한 경우 제3자가 어음행위를 실제로 한 자에게 그와 같은 어음행위를 할 수 있는 권한이 있다고 믿을 만한 사유가 있고, 본인에게

54) 대판 1963.9.12, 63다428.

55) 대판 1968.6.18, 68다694.

56) 이 글 Ⅱ. 1. (2) 3).

책임을 질 만한 사유가 있다고 하더라도 이에 대하여 대리방식에 의한 어음행위의 경우와 마찬가지로 민법상의 표현대리 규정을 유추적용하는 것은 무리이며 본인에게 그 책임을 물을 수 없다고 보아야 한다.

대법원의 판시사항 중 ②는 사실인정에 대한 것이므로 검토를 생략한다.

대법원의 판시사항 중 ③에 대하여 검토한다. 이 사항은 판시사항 중 ①에 대하여 반대하는 견해에서는 더 이상 논의할 필요가 없으나, 판시사항 중 ①을 전제로 하지 않고 별도로 표현대리의 성립을 논의하기로 한다.

합의의 직접 당사자로서 합의의 내용을 누구보다도 잘 알고 있을 甲이 물상보증만을 하기로 한 당초의 합의와 달리 금 1억 1천만원 전액에 대한 채무부담을 의미하는 丙의 이 사건 어음행위에 접하였다면, 甲으로서는 그것이 권한 없는 행위라는 점을 알았거나, 설사 몰랐다 하더라도 적어도 乙에게 이 사건 어음행위에 대한 권한을 수여한 바 있는지 확인해 보지 않은 데 대한 과실은 있다고 하여 민법 제126조의 적용요건으로 선의·무과실을 요구하고 있다. 따라서 통설의 견해와 같은 태도를 보이고 있는 것이다. 그러나 앞에서 설명한 바와 같이 甲이 丙에게 이 사건 어음행위를 할 수 있는 권한이 있다고 믿을 만한 정당한 사유가 있어야 이 규정을 유추적용할 수 있는 것이다. 물론 판지는 결론에 있어서 같은 견해를 보이고 있으나 그 결론을 도출하는 경로가 적절하지 않다고 본다. 즉, 甲은 丙이 그러한 행위를 할 수 있는 권한이 있다고 적극적으로 믿었어야 하며 그렇게 믿는 데에 대한 근거가 적절하게 있어야 "정당한 이유"가 있다고 할 것이다. 이 사건에서는 甲이 丙에게 그러한 권한이 있다고 믿을 수 있는 근거가 보이지 않으므로 당연히 민법 제126조의 표현대리는 성립하지 않게 되는 것이다.

제 2 장 日常家事代理權과 表見代理

[목 차]

[대상판결]

대법원 1999.3.9. 선고 98다46877 판결[1)]

[사실의 개요]

(1) 甲은, 丙이 1992. 5.경 자신의 남편인 乙 명의로 분양받은 아파트분양금으로 필요한 돈이라며 금 5,000,000원을 빌려 달라고 하여 이를 월 2푼의 이율로 대여한 것을 비롯하여 그 때부터 1994. 1.경까지 사이에 금 2,000,000원 내지 금 5,000,000원씩 십수 회에 걸쳐 아파트분양금 및 乙의 진급 준비를 위한 경비 명목으로 합계 금 40,000,000원을 대여하고, 1994. 8. 30. 丙으로부터 乙이 연대보증인으로 서명날인된 금 40,000,000원의 차용증을 교부받았다.

---

* 이 글은 인하대학교 법학연구소 법학연구 제2집(2000.12.) 189면-209면에 수록되어 있다.

1) 법원공보, 1999, 637면.

(2) 丙은 甲이 1994. 3.경 조직한 계금 10,000,000원의 20구좌 번호계에 8구좌(1, 2, 6, 7, 8, 9, 12, 13번)를 가입하여 월불입금으로 합계 금 4,994,000원을 불입하여 오다가 19 및 20번째 계불입금을 납입하지 아니하여 甲이 이를 대납하였고(위 계는 1995. 10.경 정상적으로 종료되었다), 또 丙은 위 계가 진행중이던 1994. 5.경부터 1995. 3.경까지 사이에 甲으로부터 아파트 분양금 및 위 계불입금 명목으로 수회에 걸쳐 금 20,000,000원을 차용한 후, 1996. 3. 20. 甲과의 사이에 위 계불입 미납금과 차용금 및 이에 대한 이자를 합하여 금 30,000,000원을 차용한 것으로 정산하여 己이 연대보증인으로 서명날인된 금 10,000,000원짜리 차용증 3매를 甲에게 교부하였다.

(3) 丙은 甲으로부터 처음 돈을 빌릴 때 남편인 乙이 부산광역시 북구청에 과장으로 근무하고 있고, 물금지구개발구역 내에 부동산을 가지고 있어 조만간 보상금이 나오면 변제를 하겠다고 하였고, 그 이후의 금원 차용시에도 곧 보상금이 나올 것이라고 하였으며, 乙도 丙이 甲으로부터 돈을 빌리거나 계금을 수령할 때 4-5회 정도 자신의 승용차에 丙을 태워 甲의 점포부근까지 왔고, 언젠가 한번은 甲과 인사를 나누기도 하였으므로, 甲은 丙의 말을 믿고 그녀의 요구대로 돈을 빌려주거나 계불입금을 대납하였으며, 위와 같이 乙의 서명날인이 있는 차용증을 교부받을 때 丙이 乙의 인영은 동인의 인감도장에 의한 것이라고 하여, 乙이 진실로 연대보증의 의사로 서명날인한 것으로 믿었다고 한다.

(4) 따라서 원고인 甲은 피고 乙을 상대로 하여 ① 乙은 丙의 채무를 연대보증하였고, ② 그렇지 않더라도 丙의 위 채무부담행위는 日常家事의 범위에 속하며, ③ 또한 甲은 丙이 乙을 대리하여 연대보증할 권한이 있는 것으로 믿었고 그와 같이 믿은 데에 대하여 민법 제126조의 권한을 넘은 表見代理

에 있어서의 정당한 사유가 있으므로, 위 합계 금 70,000,000원 및 이에 대한 이자 또는 지연손해금을 지급할 의무가 있다고 소를 제기한 것이다.

[소송의 경과]

(1) 원심의 판단(부산고법 1998.8.13. 선고 98나1034 판결)

① 丙의 甲에 대한 차용금채무에 대하여 乙이 연대보증하였다는 점을 인정할 증거가 부족하다.

② 丙이 아파트분양금을 납부하기 위하여 타인으로부터 금전을 차용하는 행위는 日常家事의 범위에 속한다고 할 수 있다(丙이 원고 甲으로부터 차용한 위 금원이 아파트분양금으로 사용되었다는 점을 인정할 자료도 없다).

③ 甲의 주장사실에 나타난 사유만으로는 甲이 丙에게 乙의 위 연대보증약정에 대한 대리권이 있다고 믿은 데에 권한을 넘은 表見代理에 있어서의 정당한 사유가 될 수 없다.

따라서 원고 甲의 주장들을 배척하였다.

(2) 대법원의 판단(1999.3.9. 선고 98다46877 판결)[2)]

가. 日常家事의 범위에 대하여

1) 민법 제832조에서 말하는 일상의 가사에 관한 법률행위라 함은 부부가 공동생활을 영위하는데 통상 필요한 법률행위를 말하므로 그 내용과 범위는 그 부부공동체의 생활 구조, 정도와 그 부부의 생활 장소인 지역사회의 사회통념에 의하여 결정되며, 문제가 된 구체적인 법률행위가 당해 부부의 일상의 가사에 관한 것인지를 판단함에 있어서는 그 법률행위의 종류ㆍ성질 등 객관적 사정과 함께 가사처리자의 주관적 의사와 목적, 부부의 사회적 지위ㆍ직업ㆍ재산ㆍ

2) 법원공보, 1999, 637면.

수입능력 등 현실적 생활상태를 종합적으로 고려하여 사회통념에 따라 판단하여야 할 것이다(대법원 1997.11.28. 선고 97다31229 판결 참조).

2) 그리고 금전차용행위도 금액, 차용 목적, 실제의 지출용도, 기타의 사정 등을 고려하여 그것이 부부의 공동생활에 필요한 자금조달을 목적으로 하는 것이라면 日常家事에 속한다고 보아야 할 것이므로, 아파트 구입비용 명목으로 차용한 경우 그와 같은 비용의 지출이 부부공동체를 유지하기 위하여 필수적인 주거 공간을 마련하기 위한 것이라면 일상의 가사에 속한다고 볼 여지가 있다고 할 것이다.
그런데 기록에 의하면, 피고 乙 명의로 분양받은 위 아파트(45평형)는 현재 乙의 유일한 부동산으로서 乙의 가족들이 거주하고 있는 것이므로 이 아파트분양금을 납입하기 위하여 금전을 차용해서 이를 납입하였다면 그와 같은 금전차용행위는 日常家事에 해당한다고 보아야 할 것이다.

3) 원고 甲이 丙에게 돈을 대여한 시기는 1992. 5.경부터 1995. 3.경까지 사이인 바(계금을 대납해 준 시기 제외), 乙은 위 기간 동안 처와 자녀 4인의 부양가족 5인을 거느린 공무원으로서 가족 중에 피고 외에 직업을 가진 사람은 없었다는 것이고, 乙은 월수입이 금 150만 원 내지 금 180만 원 정도였는데, 1993. 7. 16.부터 1996. 1. 31.까지 사이에 乙 명의의 적금으로 乙의 월급보다도 많은 월 금 200만 원씩을 납입하였고, 1993. 4. 29.(이는 피고의 주장에 의한 것이며 피고본인신문 결과에 의하면 1991.경)부터 1995. 5. 12.까지 사이에 乙 명의의 위 아파트의 분양대금을 납입하였음을 알 수 있는 바, 그렇다면 위 아파트 분양대금과 적금에 적정한 생활비를 합한 금액의 자금출처에 관하여 그 시기 및 액수 등이 구체적으로 밝혀지는 등의 특별한 사정이 없는

한(이에 대하여 乙은 아파트분양금의 자금출처에 대하여는 아무런 주장을 하지 않았고, 위 적금은 덕천동 313의 5 부동산 임대료수입으로 충당하였으며, 생활비는 그의 월급으로 충당하였다고 주장만 하였을 뿐, 이 점에 대한 구체적인 증거가 없다), 丙이 원고 甲으로부터 아용한 금원은 결국 甲이 주장하는 대로 위 아파트분양금과 생활비의 일부로 충당되었다고 추단하는 것이 타당할 것이다.

丙은 위 차용기간 이후인 1996. 1. 30.부터 제과점을 일시 경영한 외에는 직업을 갖거나 사업을 한 사실이 없다는 것이므로 위 차용금을 위 아파트분양금이나 생활비 외의 용도(예컨대, 자신의 사업자금이나 채무변제 등)에 사용하였다고 보기도 어렵다.

그리고 기록에 의하면, 피고의 진급 준비를 위한 경비 명목으로 차용한 돈은 乙이 진급시험 준비를 위하여 절에 가서 공부하는 데 드는 비용 명목이라는 것인 바, 乙은 실제로 1994.경 진급시험 준비를 위하여 절에 가서 한두 달 공부한 사실이 있다는 것이므로 처로서 이를 위한 금전차용이라면 위에서 본 법리에 따라 日常家事에 관한 것으로 볼 수 있을 것이다.

4) 따라서 이와 같은 사정 하에서는 이 사건 청구액 중 계불입금 명목으로 차용한 금원을 제외한 나머지 부분의 차용행위는 특별한 사정이 드러나지 아니하는 한 日常家事에 해당한다고 보아 피고 乙에게 민법 제832조 본문에 의하여 연대책임을 인정하여야 할 것이다.

나. 表見代理의 성부에 대하여

乙을 연대보증인으로 하는 기명날인이 되어 있는 서류들(갑 제1호증의 1, 2, 갑 제2호증의 1, 2, 3)은 甲이 丙어게 돈을 대여한 후에 작성 교부받은 것이므로 甲이 丙에게 돈을 대여할 당시에 丙에게

乙을 대리하여 연대보증계약을 체결할 권한이 있는 것으로 믿었다고 보기 어렵다고 할 것이고, 또 이미 돈을 대여하고 난 후에 위 서류들을 교부받을 때 丙이 그것이 乙의 인감도장에 의한 것이라고 말하였다는 등 甲이 주장하는 사정들만으로 위와 같이 믿을 정당한 사유가 있었다고 보기 어려울 것이다.

그 외에 신의칙상 상대방의 신뢰보호 문제가 논의되었으나 원고의 명시적인 주장이 없었다는 점을 이유로 논의의 필요가 없다고 판단하였다.

Ⅰ. 序論(논의사항)

본 대상판결은 기본적으로는 日常家事의 범위에 대하여 하나의 준거를 제시한 판결이며, 민법 제126조의 表見代理에 있어서 "그 권한이 있다고 믿을 만한 정당한 이유"에 대하여 어떤 구체적인 기준을 제시하지는 않았으나 일반적으로 저술에서 말하는 "善意無過失"의 요건과는 다른 해석을 하고 있는 것으로 볼 여지가 많은 판결이다. 즉 이 판결은 판결문에서 명백하게 말하고 있지는 않지만, 민법 제126조의 表見代理에 있어서 부부간의 日常家事代理權이 法定代理權임에도 불구하고 基礎的 代理權으로 인정된다는 점에 대한 기존의 견해는 그대로 유지하면서 민법 제126조의 表見代理의 요건에 대하여 통상의 해석과는 다른 입장을 보이는 것으로 판단된다. 따라서 이 부분을 먼저 다루고자 한다.

두 번째로는 민법 제832조 소정의 '日常家事에 관한 法律行爲'의 범위 및 그 판단기준을 살펴 볼 필요가 있다.

Ⅱ. 本 論

1. 越權表見代理의 成立要件

민법 제126조의 表見代理가 인정되기 위한 요건으로 판례와 통설은 ① 대리인이 권한 밖의 행위를 하였을 것, ② 제3자가 그 권한이 있다고 믿을만한 정당한 이유가 있을 것 등을 요구한다. 따라서 이 판결과 연결되는 한도 내에서 이 요건들을 검토하면, 日常家事代理權이 여기의 基本代理權이 될 수 있느냐 하는 점과 두 번째 요건의 정당한 이유의 판단기준, 그리고 다른 表見代理의 요건인 善意 無過失 요건과의 비교 등을 논의하여야 할 것이다.

(1) 法定代理에 적용 여부

法定代理權도 基本代理權이 되는가?[3] 法定代理關係에서는 본인의 의사와 상관없이 대리관계가 발생하므로 表見代理의 규정이 任意代理關係에서와 같이 적용되는가 하는 문제가 등장하게 된다.

1) 학 설

이 문제에 대하여 종래의 통설은 法定代理에도 이 조항이 적용된다고 한다.[4] 그러나 法定代理의 경우 둘로 나누어 無能力者의

---

3) 우리 나라에서는 통설과 판례 모두 민법 제126조의 적용 전제로서 基本代理權을 요구하고 있다. 일본에서는 基本代理權도 필요하지 않다라는 견해가 소수설로 주장되고 있으나 여기서는 다루지 않는다(민법주해, 제3권 143면 주19 참조).

4) 곽윤직, 민법총칙, 신정 수정판, 박영사, 1998년, 400면; 김상용, 민법총칙, 개정판, 법문사, 1995년, 711면; 김증한, 민법총칙, 진일사, 1976년, 392면; 민법주해 제3권 173면; 김주수, 민법총칙, 제4판, 삼영사, 1996년, 445면. 다만, 동 446면에서 日常家事代理權을 민법 제126조의 基本代理權으로 할 수는 없다고 한다. 그 이유는 부부별산제를 해치기 때문이라고 한다.

法定代理에 있어서 法定代理人의 권한이 친족회의 동의를 요하는 경우(민법 제950조)에 法定代理人이 그 동의 없이 대리행위를 한 때에는 이 조항을 적용할 수 없다고 하고 日常家事代理權의 경우에는 이 조항의 적용을 긍정하는 견해가 있다.[5] 즉 전자의 경우에 表見代理를 적용하게 되면 민법 제950조 제2항이 사문화 된다는 이유에서 그 적용을 배제하고 있는 것이다.

전면적으로 부정설을 택하는 견해도 있다.[6] 부정설에 가까운 태도를 보이는 견해도 있다. 즉 이 견해는, 고도의 유통성을 지닌 유가증권 기타 이에 준하는 거래에 있어서 거래의 안전을 보호할 필요가 있을 때를 제외하고는 그 적용을 고려하지 않아야 하며 日常家事代理權의 경우에는 法定代理로 보기보다는 夫婦間의 默示的 授權行爲가 있었음을 법률로 표현한 것이라고 본다.[7]

2) 판 례

法定代理에 越權表見代理를 적용할 것인가라는 문제에 대하여 법원은 긍정하는 태도를 보이고 있다.[8]

3) 小 結

表見代理의 경우에 본인이 책임을 지는 이유는 대리권이 없음에도 불구하고 마치 있는 것과 같은 外觀이 발생한 데에 대하여

---

5) 이영준, 민법총칙, 전정판, 박영사, 1995년, 590면.

6) 이은영, 민법총칙, 박영사, 1996년, 642면. 그리고 김증한·김학동, 민법총칙 제9판, 박영사, 451면은 無能力者의 法定代理에는 그 적용을 부정하고, 日常家事代理權의 경우에는 그 적용의 의미가 없다고 하여 부정설을 채택한 것으로 보인다.

7) 고상용, 민법총칙, 법문사, 1990년, 636면.

8) 대판 1968.8.29, 67다1125(夫婦간의 대리); 대판 1968.8.30, 68다1051(친권자 아닌 모의 表見代理); 대판 1970.10.30, 70다1812(夫婦간의 대리); 대판 1981.6.23, 80다609(夫婦간의 대리); 대판 1987.5.26, 86다카1821(夫婦간의 대리); 대판 1987.11. 10, 87다카1325(夫婦간의 대리); 대판 1989.4.25, 87다카2672(내연의 처); 대판 1991.6.11, 91다3994(夫婦간의 대리); 대판 1995.12.22, 94다45098(夫婦간의 대리); 대판 1997.6.27, 97다3828(한정치산자의 후견인) 등.

본인이 어느 정도의 원인을 주고 있기 때문이라고 한다. 즉 그러한 外觀의 형성에 기여한 본인에게 책임을 돌려서 그 外觀을 신뢰한 善意 無過失의 제3자를 보호하고 거래의 안전을 보장하며 나아가서는 대리제도의 신용을 유지하려는 것이 表見代理制度라고 한다.[9] 우리 민법은 제125조에서 대리권을 주었다는 뜻을 상대방에게 표시하였으나 실은 대리권을 주고 있지 않은 때, 제126조에서는 대리인이 권한 밖의 행위를 한 경우, 제129조에서 대리권이 소멸한 경우를 규정하고 있다. 이들 경우에 任意代理라면 본인이 그러한 外觀을 형성하여 상대방의 신뢰를 발생시켰다는 기여도를 고려하여 본인이 그러한 책임을 지는 것이 타당하다고 할 수 있을 것이다. 그러나 法定代理의 경우에도 그러한 입론이 여전히 가능할 것인가는 의문이 아닐 수 없다. 민법 제125조의 경우 法定代理에는 전혀 적용이 없을 터이므로 논의할 필요가 없으나 민법 제126조의 "代理人이"라는 문구나 제129조의 "代理權의 消滅은"의 문구는 任意代理만을 전제로 하는 것이 아니라는 해석이 문언상 가능하기 때문에 대부분의 학설은 이를 法定代理에도 적용하는 것을 당연시하고 있다. 그러나 法定代理의 경우에는 그 대리권의 외양에 대하여 과연 본인에게 책임이 있다고 할 것인지 각 경우를 나누어 살펴볼 필요가 있다.

본인 이외의 일정한 지정권자의 지정으로 대리인이 되는 경우, 즉 지정후견인(제931조) · 지정유언집행자(제1093조, 제1094조) 등의 경우 중에서 지정후견인은 아래에서 보는 후견인과 달리 볼 필요가 없으므로 후자의 경우와, 법원이 선임하는 자가 대리인이 되는 경우인 부재자재산관리인(제23조, 제24조) · 상속재산관리인(제1023조, 제1044조 등) · 유언집행자(제1096조) 등의 경우에는 법률의 규정에 따른 행위만을 할 수 있으므로 제126조의 적용이 문제되지 않는다.

---

9) 곽윤직, 앞의 책, 392면.

한편, 본인에 대하여 일정한 지위에 있는 자가 당연히 대리인이 되는 경우에는 그 대리권의 발생원인은 법률의 규정이다. 즉 친권자(민법 제911조, 제920조) · 후견인(민법 제932조, 제933조) 등이 이에 해당되는데 이들의 경우에는 無能力者 본인을 보호하기 위하여 인정된 대리권인데 이들의 행위에 의하여 본인인 無能力者의 보호가 되지 않는 그런 때에는 이들 규정의 취지가 탈색될 위험에 처하게 된다. 물론 無能力者의 절대적 보호가 법의 목적이라고 할 수는 없을 것이다. 민법 제126조의 한 경우라고도 볼 수 있는 예로서, 공동친권자 중 일방이 공동명의로 대리한 경우에 다른 일방의 의사에 반하더라도 상대방이 악의가 아니라면 그 효력을 인정하고 있다(민법 제920조의2). 그러나 親權者와 그 子간의 利害相反行爲(민법 제921조)에 대하여 法定代理人인 親權者가 법원에 그 子의 특별대리인의 선임을 청구하지 않고 대리행위를 한 경우에는 민법 제126조의 적용이 문제될 여지가 없을 것이다. 왜냐하면 친권자가 자신과 자의 이해상반행위에 대하여 특별대리인을 선임하지 않고 자신이 대리행위를 하였다면 이때는 자신의 행위가 월권임을 이미 알고 있는 것이므로 無權代理가 문제될 뿐이다.

그러나 민법 제950조의 제한에 반하여 法定代理人인 후견인이 대리행위를 한 경우, 즉 제950조에 규정하는 행위를 친족회의 동의 없이 대리행위를 한 때에는 제950조 제2항이 적용되어야 할 것이다. 이 때 상대방이 越權表見代理를 주장한다면 민법 제126조가 적용될 것인가에 대하여 학설이 나뉘고 있다. 다수설인 긍정설은 法定代理와 任意代理의 한계가 명백하지는 않고 無能力者의 보호도 민법의 절대적인 대원칙일 수는 없으며 긍정하더라도 法定代理의 특수성을 감안하여 善意 無過失의 인정을 엄격히 운용하면 일방적으로 상대방을 보호하여 無能力者를 희생시키는 결과로는 되지 않을 것이고 오히려 일률적으로 상대방의 보호를 부정하는 쪽이 융통성을 잃게 되어 문제가 될 것이라고 한다.[10] 소수설인 부정설의 견해는 제950조 제1항의 규정에 위반한 경우 동조 제2항에 의하여 피후견인 또는 친족회가 그 행위를 취소할 수 있는데 다수설의 견해처럼 이 경우에도 表見代理의 성립을 긍정한다면 제950조 제1항의 규정이 사문화한다는 것을 이유로 들고 있다.[11] 그리고 긍정설에 따르면 無能力者의 보호를 포기하는 결과로 되어 구체적 타당성을 실현하려는 민법의 이념에 반한다는 것을 이유로 하는 부정설도 있다.[12]

이러한 논의의 대립에 대하여 논의되는 상황에 대한 문제의 제기를 하면서 제126조의 적용이 문제되는 경우를 다르게 보는 견해가 있다. 즉 다수설과 소수설이 부딪히는 전제가 되는 제950조 제1항의 규정에 위반하여 친족회의 동의를 얻지 않고 동조 제1항 각호의 행위를 한 경우, 동조 제2항에 따라 처리하게 되고, 다만 제126조의 적용을 긍정할 수 있는 경우는 法定代理人이 친족회의 동의서를 위조한 경우 또는 동의를 한 친족회의 결의가 취소된 경우 등이라고 한다.[13]

이 견해가 문제를 가장 타당하게 보고 있는 것 같다. 이렇게 보면 법규정의 취지는 훼손되지 않으며 無能力者의 보호와 상대방의 보호가 형평을 이룰 수 있다. 긍정하는 견해에서 法定代理의 경우에는 특수성을 감안하여 운영을 잘 하면 일방적으로 상대방을 보호하는 것이 되지 않는다고 하나, 같은 규정을 적용하면서 규정의 근거도 없이 대리권의 종류에 따라 해석과 적용을 서로 다르게 하는 것은 곤란하다.

민법 제827조의 夫婦간의 日常家事代理權은 항을 바꾸어서 살펴본다(아래 2).

---

10) 민법주해, 제3권 173면.

11) 김용한, 민법총칙, 373면.

12) 이영준, 앞의 책, 590면.

13) 김주수, 앞의 책, 445면 주135. 그러나 동, 친족상속법, 제5전정판, 법문사, 1998년, 341면에서는 일반적으로 제126조의 적용을 긍정하고 있다.

(2) "제3자가 그 권한이 있다고 믿을 만한 정당한 이유"와 善意·無過失

1) 학 설

대부분의 견해는 여기의 "정당한 이유"가 바로 상대방의 선의·무과실이라고 본다.[14] 또는 제반의 사정을 객관적으로 관찰하여 대리권이 있다고 믿는 것이 보통인으로서는 당연하다고 생각되는 것을 말한다고도 한다.[15] 이에 대하여 "정당한 이유가 있는 때"라 함은 "상대방이 믿은 데 과실이 없는 때"보다 좁은 개념이고, 과실은 주관적 의미를 갖는 데 반해, 정당한 이유는 전혀 객관적 의미라고 하는 반대설이 있다.[16] 따라서 정당한 이유의 판단기준도 普通人이 아니라 理性人(reasonable man)이 기준이 된다고 한다.[17]

2) 판 례

판례는, "제3자가 그 권한이 있다고 믿을 정당한 이유가 있을 때라 함은, 제3자로 하여금 대리인이 본인을 위하여 그 거래를 할 권한이 있을 것이라는 관념을 야기시키기에 족한 사정이 있는 경우를 지칭하는 것으로서 환언하면 제반사정에 비추어 보통의 주의력을 가진 사람의 擧止로서 아무런 과실이 없는 경우를 말한다"라고 하면서[18] 한편, "表見代理에 있어서 제3자에게 대리권이 있다고 믿은 데 정당한 이유가 있다고 함은 제3자에 과실이 없다는 뜻도 포함되었기 때문에 제3자의 無過失까지 판단할 필요는 없다"고 한다.[19] 그러면서도 "그 행위에 관한 대리의 권한을 주

---

14) 곽윤직, 앞의 책, 398면; 김증한·김학동, 앞의 책, 445면; 김주수, 민법총칙, 443면; 고상용, 앞의 책, 629면; 김증한, 앞의 책, 391면.

15) 김증한, 앞의 책, 391면; 곽윤직, 위의 책, 399면.

16) 이영준, 앞의 책, 585면; 이은영, 앞의 책, 641면; 김상용, 706면; 배병일, "민법 제126조 表見代理에 있어서 정당한 이유", 사법행정 1993년 6월호, 5면.

17) 이영준, 위의 책, 586면.

18) 대판 1954.3.16, 4286민상215; 대판 1959.8.27, 4292민상331.

었다고 믿었음을 정당화할 만한 객관적인 사정이 있어야"한다고 한다.[20)]

3) 小 結

다수설은 제126조의 "정당한 이유"를 다른 表見代理의 규정에서의 "善意·無過失"로 보고 있으나 그렇게 본다면 법조문의 문구가 다르게 규정된 의미를 무시하는 것이다. 그리고 소수설이 주장하는 바와 같이 越權表見代理는 나머지 두 가지의 表見代理와는 성격이 다른 점이 있다.[21)] 즉 제126조의 表見代理를 살펴보면, 表見代理行爲가 基本代理權과 동종의 대리권이라면 정당한 범위내의 대리행위와 그 정당한 범위를 넘어 이루어지는 대리행위로 나누어볼 수도 있는데 전자는 有權代理요, 후자는 無權代理로서 이것은 일부무효의 법리에 따르면 원칙적으로 전체가 無權代理라고 하여야 할 것이나 表見代理로 규정하면서 다른 表見代理의 요건으로는 "善意·無過失"을 요구하면서도 越權表見代理에 있어서만 "정당한 이유"를 요구한 것은 보다 엄격한 요건을 요구한 것으로 보아야 할 이유가 된다.

따라서 상대방의 "善意·無過失"만으로는 부족하다고 하여야 할 것이다. 즉 상대방이 대리인에게 권한이 있음을 적극적으로 믿었어야 하며, 이러한 믿음에 약간의 의심도 없었어야 한다. 또한 그 평가는 객관적으로 하게 된다. 다시 말하면 일종의 사후판단에 따르게 되는 셈이다.[22)]

---

19) 대판 1963.9.12, 63다428.

20) 대판 1968.11.26, 68다1727, 1728; 대판 1970.3.10, 69다2218 등.

21) 이영준, 앞의 책, 585-586면.

22) 그러나 소수설에서 판단의 기준으로 이성인을 내세우는 것은 타당하지 않다고 본다. 이렇게 본다면 민법 제126조의 表見代理가 인정되는 경우는 거의 없을 것이다. 정상적인 인식력을 갖고서 판단하는 통상인의 개념으로 충분하다. 또 판례(대판 1970.10.30, 70다1812)에서 사실심 변론종결시까지의 모든 사정까지도 종합하여 객관적으로 정한다고 한 것은, 이성인을 전

(3) 정당한 이유의 판정기준

1) 판정시기

통설 · 판례는 정당이유의 유무를 거래 당시의 사정으로부터 객관적으로 거래의 관념에 따라 판단하여야 한다고 한다.[23] 따라서 권한을 넘은 表見代理에 있어서 대리인에게 그 권한이 있다고 믿을 만한 정당한 이유가 있는가의 여부는 대리행위 당시를 기준으로 판단하여야 하는 것이므로 無權代理人이 매매계약 후 잔대금 수령시에 가서야 비로소 본인 명의의 등기권리증, 인감증명서, 위임장, 매도증서 등을 상대방에게 제시한 사정만으로는 상대방이 無權代理人에게 그 권한이 있다고 믿을 만한 정당한 이유가 된다고 할 수 없다고 한다.[24]

이에 대하여 반대하는 견해가 있다. 사실심의 변론종결시, 즉 정당한 이유의 유무를 판단할 시까지 존재한 일체의 사정, 예컨대 無權代理行爲 후 無權代理人이 그 수취한 반대급부를 본인을 위하여 사용하였는가, 임의로 유용하였는가 등도 고려하여 판정할 것이라고 한다.[25]

그러나 無權代理人과 그 상대방이 法律行爲를 한 당시를 기준으로 판정하여야 할 것이다. 왜냐하면 그 행위시에 상대방이 그를 신뢰하였는지 여부를 판정하여야 하기 때문이다. 다만 그 판정만 사후적으로 객관적으로 하게 되는 것일 뿐이다.

제로 한 것이라고 볼 것이 아니라, '대리인에게 정당한 대리권이 있다고 믿는 상대방'에게 그렇게 믿을 만한 이유가 있는지를 객관적으로 사후 판단한다는 뜻으로 보아야 할 것이다.

23) 곽윤직, 앞의 책, 399면; 김증한 · 김학동, 앞의 책, 445면; 김주수, 민법총칙, 443면; 주재황 김증한 편집대표, 주석 민법총칙(하), 한국사법행정학회, 1979년, 407면; 대판 1981.8.20, 80다3247; 대판 1981.12.8, 81다322; 대판 1989.4.11, 88다카13219 등.

24) 대판 1981.8.20, 80다3247.

25) 이영준, 앞의 책, 586면.

2) 本人의 歸責事由의 要否

정당한 이유가 있었음을 인정하기 위하여 본인의 귀책사유가 필요한가의 문제이다. 즉 상대방이 無權代理人의 대리행위를 신뢰하게 된 데에 본인의 사정(과실 또는 행위)이 그 원인이 되어야 하는가 하는 문제인 것이다.

이에 대하여 통설은 부정하는 견해를 보이고 있다.26) 대리제도의 일반적인 신용의 유지와 거래의 동적 안전을 확보하기 위하여 본인에게 無過失責任을 지우는 것이라고 한다.27)

반면에 본인의 과실 등이 필요 없다고 하는 것과 越權表見代理의 성부를 판단함에 있어서 이를 고려할 수 있는가라는 문제와는 별개의 것이며 오히려 충분히 고려하여야 한다는 견해도 있다.28) 더 나아가 본인에게 過責性이 필요하다는 견해도 있다.29) 후자의 견해는 表見代理制度의 취지 및 공평의 원칙을 고려할 때 본인에게 過責性이 있어야 비로소 본인의 책임이 인정된다고 할 것이라고 한다.

表見代理制度의 인정취지는, 그러한 外觀의 성립에 일정 부분 기여한 본인에게 그 책임을 지우면서 대리제도를 유지하는 것이라고 할 수 있지만, 表見代理의 成立要件으로서 본인에게 그러한 과실 등의 사유가 필요한 것은 아니다. 본인의 過責性이 요건으로서 필요하다면 법문에 근거가 있어야 할 것이다. 다만 越權表見代理의 성립 여부를 판단함에 있어 고려할 요소임은 분명하다. 따라서 “정당한 이유”의 인정 여부에서 판단자료가 되는 것이고 그것으로 충분하다고 할 것이다.

26) 김주수, 앞의 책, 445면; 김증한, 앞의 책, 391면.

27) 장경학, 민법총칙, 법문사, 1998년, 594면.

28) 민법주해, 제3권 157면.

29) 김증한 · 김학동, 앞의 책, 448면.

3) 立證責任

가. 학 설

민법 제125조와 제129조에서는 단서 조항에서 "제3자가 …알았거나 알 수 있었을 때에는", "제3자가 과실로 인하여 그 사실을 알지 못한 때에는"라는 표현을 쓰고 있는데 반하여, 제126조에서는 본문에서 "제3자가 그 권한이 있다고 믿을 만한 정당한 이유가 있는 때에는 본인은 그 행위에 대하여 책임이 있다"라고 규정하여 그 규정의 형식이 前2者의 경우와 다르다. 이 점 때문에 그 해석에 있어 다양한 견해가 나타나고 있다.

제126조의 경우를 다른 表見代理와 다르게 다루어야 할 특별한 이유가 없으므로 본인이 상대방의 惡意 · 無過失을 입증하여야 한다는 견해가 다수설의 지위를 차지하고 있다.[30] 반면에 정당한 이유를 다수설과 같이 善意 · 無過失로 이해하면서도 그것의 입증책임은 상대방에게 있다고 하는 견해도 있고,[31] 상대방은 善意를 입증하여야 하고 過失은 본인이 입증하여야 한다는 견해도 있다.[32]

한편 정당한 이유는 善意 · 無過失이 아니라고 보는 견해에서는 정당한 이유의 입증책임은 상대방에게 있다고 보고 있다.[33] 물론 이 경우 법조문의 규정형식이나 성질이 다르므로 상대방이 입증하여야 한다고 한다.[34] 또는 상대방의 선의 · 무과실을 요건으로 하는 것이 아니라 그것보다는 좁은 정당한 이유를 요건으로 하는 것이므로 정당한 이유의 존재를 이유로 하여 제126조의 表見代理

---

30) 곽윤직, 앞의 책, 399면; 김주수, 앞의 책, 443면; 장경학, 앞의 책, 593면; 김증한, 앞의 책, 391면; 민법주해 제3권 159-160면.

31) 고상용, 앞의 책, 635면.

32) 김증한 · 김학동, 앞의 책, 446면.

33) 이영준, 앞의 책, 589면; 백태승, 민법총칙, 법문사, 2000년, 503면; 이은영, 앞의 책, 641면; 김상용, 앞의 책, 707면.

34) 이영준, 위의 책, 589면. 정당한 이유는 본인이 책임을 지게 되는 직접요건사실이기 때문이라고 한다.

를 주장하는 자가 적극적으로 이를 입증하여야 한다고 한다.[35)]

나. 판 례

대법원은, 表見代理에 있어서 본인에게 책임을 지우게 하려면 상대방이 선의였다는 점과 그가 대리인에게 대리할 권한이 있다고 믿을 만한 정당한 이유가 있었다는 점을 판단하면 되고, 상대방의 선의와 대리인에게 그 권한이 있다고 믿을 만한 정당한 이유가 있으면 한편 상대방에게 과실이 없었다는 것도 나타내는 것이라고 한다.[36)] 즉 정당한 이유란 선의와는 별개의 개념이나 무과실을 포함하는 것이라는 것과 무과실은 정당한 이유의 소극적 측면에 불과하므로 독립한 요건사실이 되지 않는다고 한다. 또 한편으로는 민법 제126조의 表見代理의 주장 입증책임은 상대방에게 있다고 하여 정당한 이유의 입증책임은 表見代理의 효력을 주장하는 자, 즉 상대방에게 있다고 한다.[37)]

다. 小 結

앞에서 언급한 바와 같이 越權表見代理의 경우에는 다른 表見代理에서와는 다른 구조를 갖고 있다.[38)] 그리고 민법 제126조는 表見代理의 적극적 成立要件을 규정하고 있는 것으로 보인다. 따라서 그 법률효과인 表見代理의 성립으로 인한 본인의 책임을 주장하는 자가 그 成立要件을 입증하여야 할 것이다. 실제 소송에서는 정당한 이유의 유무를 밝히는 것에 초점을 맞추게 될 것이다.

---

35) 김상용, 앞의 책, 707면.

36) 대판 1963.9.12, 63다428.

37) 대판 1968.6.18, 68다694.

38) 이 글 II. 1. (2) 3).

2. 日常家事代理權

(1) 越權表見代理의 基本代理權에 日常家事代理權이 해당되는가?

1) 학 설

민법 제827조 제1항은 夫婦간의 日常家事代理權을 규정하고 있다. 즉 夫婦는 일상의 가사에 관하여 서로 대리권이 있다. 日常家事란 夫婦의 공동생활에서 필요로 하는 통상의 사무를 말하며, 그 내용·정도 및 범위는 그 夫婦공동체의 생활정도와 그 夫婦의 생활장소인 지역적 사회의 관습 내지 일반견해에 의하여 결정된다고 한다.[39] 이 夫婦간의 日常家事代理權이 민법 제126조를 적용함에 있어 基本代理權으로서 인정될 수 있는가 하는 문제가 있다. 이를 긍정하는 견해가 다수설이다.[40] 그 근거로는 日常家事代理權은 法定代理權으로서 대리권이므로 당연히 적용할 수 있다고 보거나,[41] 無能力者의 보호 같은 문제가 생기지 않는 것이므로 인정할 수 있다고 한다.[42] 일부 견해는 日常家事代理權을 대표권으로 보고 日常家事의 범위를 개별적 구체적인 범위와 일반적 추상적인 범위로 나누고, 개별적 구체적인 범위를 벗어난 행위가 일반적 추상적인 범위 내에 있는 경우에만 表見代理規定을 유추

39) 김주수, 친족상속법, 151면.

40) 곽윤직, 앞의 책, 400-401면; 이영준, 앞의 책, 590면; 김상용, 앞의 책, 713면; 이은영, 앞의 책, 643-644면. 다만, 고상용, 앞의 책, 637면은 日常家事代理權을 法定代理로 보기 보다는 夫婦간에 상호대리권수여행위가 행하여진 것으로 보는 것이 타당하지 않겠는가 하는 시각을 제시하면서 제126조의 적용을 긍정하고 있다. 즉 제827조는 夫婦간의 묵시적 수권행위가 있었음을 법률로 표현한 것에 지나지 않는다고 보는 것이 좋지 않겠는가 하는 제안을 하고 있다. 이러한 고민은 아마도 우리 가족법이 서로 다른 제도를 혼용하여 섞어 놓았기에 발생한 문제를 해결하려는 데서 생기는 것이 아닐까 하지만 법규정을 완전히 무시하는 해석은 곤란하지 않을까 한다.

41) 곽윤직, 앞의 책, 400면.

42) 이영준, 앞의 책, 590면.

적용하여야 하며 일반적 추상적인 범위를 벗어난 경우에는 대리의 일반이론에 따라 따로이 대리권의 수여가 있는 경우에만 제126조의 表見代理가 적용되어야 한다고 한다.43) 또 이 견해는 日常家事代理行爲의 효과가 귀속하는 효과면에서 볼 때 단순한 法定代理라기 보다는 일종의 '대표'라고 보는 것이 어떨까 하는 제안을 하고 있다.44) 한 걸음 더 나아가 대표권이라고 보는 견해도 있다.45) 그러나 스위스 민법 제163조 제1항 "妻는 日常家事의 수행에 있어서 夫와 함께 婚姻共同體를 대표하는 권한을 가진다"와 같은 규정이 있으면 모를까 우리 민법의 해석상 日常家事代理權을 대표권의 하나로 보기는 힘들지 않을까 한다. 그러나 이 견해는 日常家事代理權이 통상의 法定代理權과는 그 성격이 다르다는 점을 나타내려고 한 것이 아닐까 하는 생각이 든다.

夫婦간의 日常家事代理權에 있어서는 그 대리권의 범위가 日常家事로 한정되어 있어 그 월권대리는 日常家事의 범위를 넘은 것임을 누구나 알 수 있으므로 이를 基本代理權으로 인정하더라도 실제로는 제126조의 요건을 갖추지 못하고, 따라서 이 경우에 거래의 보호를 위하여 法定代理에도 제126조의 적용을 인정한다고 하는 의도가 전혀 유명무실하게 된다고 하면서 부정설을 택하는 견해도 있다.46)

2) 판 례

판례의 표현이 모호하여 대법원의 태도를 정확히 알기 어려워 대법원의 태도를 바라보는 견해도 나뉘고 있다. 먼저 처가 집에

43) 김주수, 민법총칙, 446면. 日常家事代理權을 근거로 表見代理규정을 적용하는 것은 부정한다. 동, 친족상속법, 156-157면.

44) 김주수, 친족상속법, 157면.

45) 권오승, "민법 제126조의 表見代理와 日常家事代理權", 민사판례연구 5권 (83.5), 14면.

46) 김증한 · 김학동, 앞의 책, 451면.

있는 남편의 실인과 등기권리증 등을 가지고 남편의 위임을 받았다고 말하면서 남편 소유의 부동산에 대하여 근저당권설정계약 등 法律行爲를 하여 그 등기를 경료한 사건에서 "일반사회통념상 남편이 아내에게 자기 소유의 부동산을 타인에게 근저당권설정 또는 소유권이전 등에 관한 등기절차를 이행케 하거나 그 각 등기의 원인되는 法律行爲를 함에 필요한 대리권을 수여하는 것은 이례에 속하는 것이므로……제126조의 表見代理가 되려면 그 아내에게 그 행위에 관한 대리권이 있음을 믿었음을 정당화할 객관적인 사정이 있었어야 할 것"이라고 판시하였다.[47] 이 판결을, 日常家事代理權은 基本代理權이 될 수 있으나 문제된 월권행위에 대하여 그 권한을 수여받았다고 믿을 만한 정당한 이유가 있는 때에만 越權表見代理가 성립된다는 것으로 이해하는 견해가 있는가 하면,[48] 日常家事의 범위 내의 행위라고 믿을 만한 정당한 사유가 있는 때에 한해서 제126조의 적용을 인정한다는 취지로 이해하는 견해도 있다.[49] 이 판례들을 처의 행위가 개별적 구체적인 日常家事의 범위는 넘었지만, 일반적 추상적인 日常家事의 범위 내라고 믿을 만한 정당한 이유가 있는 경우에는 민법 제126조의 表見代理를 적용하지만, 이를 다시 넘은 경우에는 日常家事代理權을 기초로 하여 민법 제126조의 表見代理를 적용할 수는 없고 다만 당해 행위에 대하여 대리권을 수여하였다고 믿을 만한 충분한 객관적인 사정이 있는 경우에 한하여 이를 신뢰한 제3자를 보호하려는 것으로 이해할 수 있다고 보는 견해도 있다.[50]

---

47) 대판 1968.11.26, 68다1727, 1728. 이후 법원의 태도는 분명하지는 않지만 대체로 비슷한 견해를 취하고 있는 것으로 보인다. 대판 1969.6.24, 69다633; 대판 1970.3.10, 69다2218; 대판 1970.10.30, 70다1812; 대판 1971.1.29, 70다2738; 대판 1981.8.25, 80다3204 등.

48) 민법주해, 제3권, 176면.

49) 곽윤직, 앞의 책, 401면.

50) 권오승, 앞의 논문, 17면.

3) 小 結

日常家事代理權의 경우 그 법적 성격이 모호한 면이 많다. 그러나 우리 현행법상으로는 틀림없는 法定代理權이다. 그러나 法定代理權으로 보더라도 日常家事代理權의 특수한 성격으로 인하여 越權表見代理에 문의하여도 정당한 이유를 인정받는 일은 거의 생기지 않을 것이다. 왜냐하면 日常家事代理權은 日常家事의 범위에 속하는 한도 내에서만 의미가 있으며 그 범위를 넘어서는 경우에는 후술하는 바와 같이 夫婦別産制를 害하게 되므로 表見代理를 인정하여서는 안될 것이다.

(2) 日常家事代理權의 性格

日常家事代理權은 원래 게르만 고유법의 이른바 '열쇠의 권능'이라는 법리에서 발달한 것으로서 夫의 재산의 관리 · 사용 · 수익권과 혼인생활비용의 부담과 아울러 妻의 無責主義, 妻의 無資力을 전제로 한 것이었다고 한다.[51] 그러나 오늘날에 있어서는 많은 입법례가 夫婦別産制를 채용하고 夫婦의 平等을 원칙으로 하기 때문에 去來安全의 보호를 목적으로 하여 妻의 日常家事代理權을 인정하지 않고 日常家事費用에 대한 夫婦의 連帶責任만을 인정한다고 한다.[52]

우리 민법은 제827조에서 夫婦간의 日常家事代理權을 규정하고 또 한편으로는 제832조에서 夫婦간의 日常家事로 인한 채무의 연대책임을 규정하고 있으며 제830조에서는 夫婦別産制를 규정하고 있다. 夫婦는 하나의 공동체이며 또 한편으로 夫婦의 각자는 독립된 주체로서 특유의 재산을 소유하는 것이 인정되어 있는 것이다. 이들 규정을 살펴보면 우선 '日常家事'의 범위가 문제되며,

51) 김주수, 친족상속법, 151면.

52) 위 책, 151면 이하.

日常家事의 범위를 넘는 배우자의 행위의 효과에 대하여 규정하고 있는 바가 없으며, 제830조에서 법정재산제로서 別産制를 채택하면서 제832조에서 日常家事의 연대책임을 규정함에 그치는 것이 아니라 제827조에서 대리권을 규정함으로써, 日常家事의 범위를 넘는 행위에 대하여 別産制의 원리를 따를 것인지 아니면 越權表見代理를 적용할 것인지가 문제되는 것이다.[53] 대부분의 학설과 판례는 日常家事代理權과 夫婦간의 연대책임에 대하여 그 구별의 차이를 두고 않고 하나의 제도로 파악하고 있는 것으로 보인다.[54]

현재 우리의 민법은 日常家事代理權과 夫婦간의 연대책임에 대하여 모두 규정하고 있으므로 이를 조화롭게 해석하려면 결국 日常家事의 범위에 속하는 것에 대하여는 제832조에 따라 연대책임을 지는 것으로 하고 日常家事의 범위를 일탈하는 것에 대하여는 이 규정이 적용될 수 없으며 이 경우 민법 제126조에 해당하지 않으면 夫婦別産制의 원칙이 적용되어야 할 것이 아닌가 한다.

또 日常家事代理權의 경우 夫婦共同體의 생활을 위하여 각자가 행위한 것의 법률효과가 공동체에 확대되는 모습을 볼 수 있다. 일반적으로 대리의 경우 대리인이 한 행위의 법률효과가 본인에게 귀속하는 모습인데 반하여 日常家事代理權의 경우에는 夫婦중 어느 한 쪽이 행위한 것의 효과를 夫婦 모두에게 귀속시키려는 것임을 알 수 있다. 따라서 이것은 제832조와 밀접한 관련을 가질 수밖에 없다. 즉 日常家事의 경우 어느 한 당사자가 행위한 것의 법률효과는 夫婦 모두에게 귀속하며 그로 인한 책임은 연대

53) 이화숙, "夫婦별산제와 日常家事代理權, 그리고 表見代理와의 긴장관계", 『민사법학』 제13 · 14호(96.04) 284면.

54) 김주수, 친족상속법, 148-159면을 보면, 夫婦재산제를 설명하면서 함께 이들을 설명하고 있는 것을 볼 수 있다. 다른 교과서들도 마찬가지의 태도를 보이고 있다. 김용한, 친족상속법론, 전정판, 박영사, 1986년, 185면 이하; 이근식 · 한봉희, 신친족상속법, 증보판, 일조각, 1982년, 116면 이하.

하여 진다는 것이 양 규정의 조화로운 해석이 될 것이다.

Ⅲ. 結 語

민법 제126조의 越權表見代理는 다른 表見代理와 상당히 다른 점을 갖고 있다. 위에서 살펴 본 바와 같이 법조문의 문언상으로는 法定代理의 경우에도 적용이 가능한 것으로 보이지만 실제로는 어느 경우에도 그 적용이 쉽지 않다는 것을 알게 되었을 것이다. 또한 夫婦의 日常家事代理權의 경우에도 그 法律行爲가 日常家事의 범위에 속하는 것인가의 여부는 대부분 쉽게 알 수 있는 것이지 그 판단이 곤란한 경우는 드물다. 따라서 日常家事代理權의 범위를 넘어서서 越權表見代理를 인정하여 타방 배우자에게 책임을 지우는 것은 夫婦別産制를 침해하는 것으로 인정하기 어렵다. 즉 가사로 인한 채무의 연대책임을 규정하고 있는 민법 제832조는 결국 제827조의 日常家事代理權이 적용되는 범위에 머무르게 될 것이다. 다시 말하면 日常家事의 범위 내에 속하는 경우에만 양 조문이 적용되게 되고 그 범위를 일탈하는 경우 夫婦別産制를 침해하면서까지 상대방을 보호할 실익이 없다고 본다.

본 대상판결이, 통상적으로는 日常家事에 속할 수 없는 금전차용행위를 夫婦의 공동생활에 필요한 자금조달을 목적으로 하는 것이라면 日常家事에 속한다고 본 것은 매우 타당한 결론이다. 夫婦共同體의 생활 영위에 필요한 자금을 확보하기 위한 금전차용행위는 夫婦 모두가 책임을 부담하는 日常家事에 속한다고 하여야 할 것이다. 그리고 대상판결이, 夫婦 중 일방이 타방 배우자를 연대보증인으로 하는 보증계약을 체결한 것은 表見代理에 속하지 않는다고 판단한 것도 타당하다.

제 2 부　물권법

제3장 독일민법상의 임밋시온 연구

[목 차]

Ⅰ. 머리말

좁은 空間에서의 生活이 日常化됨에 따라 이웃 관계에 있는 居

* 이 글은 서원대학교 사회과학연구소 사회과학연구 제5집(1992.12.) 89면-101면에 게재되어 있음.

住者끼리 서로 不便을 끼치거나 生活에 苦痛을 주는 일이 더욱 빈번히 문제되고 있다. 즉 土地 또는 建物 그리고 그 위의 工作物로부터 發生된 어떤 干涉이 이웃에게 加해짐으로써 被害를 주는 일이 많이 문제되고 있다. 各國에서는 이러한 問題에 대하여 다루는 態度가 한결같지는 않고 그 接近하는 태도 역시 두 가지로 나뉘고 있다. 하나는 客體에 觀點을 맞추어 不動産 所有者 또는 利用者의 所有權 또는 利用權의 범위 문제로 인식하여 일종의 權利의 限界問題로서 다루어 兩 利用權者의 權利의 調節問題로 보고 있는 獨逸民法의 태도이다. 여기서는 이러한 干涉을 임밋시온(Immission)이라고 한다. 이에 대하여 다른 하나는 利用者에 중점을 두어 그 行爲者의 行爲가 어떤 損害를 끼친 것인가라는 觀點에서 파악하는 英美法의 態度이다. 여기서는 위와 같은 干涉을 生活防害(nuisance)라고 부른다. 우리 民法에서는 이러한 문제에 대하여 앞의 見解에 따라 民法 第217條에서 다루고 있으나 너무 간단한 規定에 그치고 있고 環境保存法 등의 特別法에서 다루는 것은 公法的인 解決일 뿐이고 私法的인 해결에 대하여는 침묵하고 있는 형편이므로 이에 대한 보다 상세한 規定이 필요한 실정이다. 따라서 이 문제에 대하여 우리 民法이 택하고 있는 前者의 見解 中 상세한 해결책을 두고 있는 1960年에 改正된 독일民法[1]을 살펴봄으로써 이 문제를 다루는 데에 도움이 되고자 한다.

1) 독일민법 제906조
제1항; 다른 토지로부터 발산되는 가스, 증기, 냄새, 연기, 매연, 열, 소음, 진동 및 이와 유사한 간섭이 토지 소유자의 이용을 해하지 않거나 중대하지 않은 침해를 하는데 그치는 때에는 토지소유자는 그 간섭의 침입을 금지할 수 없다.
제2항; 중대한 침해가 간섭발생지의 지역적으로 통상적인 이용으로 인하여 발생하고, 이러한 종류의 토지 이용자에게 경제적으로 기대가능한 조치에 의하여 이 침해를 방지할 수 없는 때에도 또한 같다. 이와 같이 소유자가 간섭을 인용하지 않으면 안될 때에 있어서 그 간섭이 기대할 수 있는 한도를 넘어서 자기 토지의 지역적으로 통상적인 이용 또는 수익을 침해하는 때에는 간섭발생지의 이용자에게 금전으로 조정적 보상을 청구할 수 있다.
제3항; 특별한 유도에 의한 침입은 허용되지 않는다.

Ⅱ. 임밋시온法의 歷史的 發展

독일민법이 제정되어 시행되기 전에는 프로이센 일반란트법(ALR)과 보통법이 효력을 갖고 있었는데 이때에는 土地所有者의 적극적인 利用權能과 소극적인 防禦權과의 사이에 법적인 衡平의 조절이 결여되어 있었다. 법원은 그 결과 그 해결책을 條理로부터 또는 一般原則으로부터 찾았다. 이때에 우선 가능한 한 넓은 이용권능이 소유권의 방어권능에 비하여 중요한 것으로 평가되었다. 발전되는 산업화와 더불어 비로소 소유권의 본질적 기능이 전면에 나서게 되었다. 중요하지 않거나 通常的인 土地利用은 인용되었고 소유권에는 한계가 있음이 안정되었다. 서로 이웃인 토지이용의 충돌의 해결을 위한 순수한 私法的인 고려는 一般利益的인 공간질서에 맞고 環境保護的인 기능을 조정하는 방법을 통하여 점점 보완되었다. 이것이 獨逸民法 제906조에 채용되었는데 現 條文은 1959년 12월 22일의 獨逸民法 補完을 위한 法律을 통한 改正에 의하여 1960년 1월 1일부터 施行되고 있다.

Ⅲ. 임밋시온法의 適用範圍

1. 適用範圍의 問題

獨逸民法 제906조의 適用을 위해서는 관계된 이웃의 土地에 의해 작용된 侵害土地로부터의 不可量物의 運搬에 의한 임밋시온의 존재가 요구된다. 重大하지 않은 임밋시온은 그 일반적인 규율인 獨逸民法 제903조와 제1004조에 反하여 認容되어야만 한다. 반면에 重大한 임밋시온은 다른 土地에 의해 發散된 干涉의 정도와 지속성에 따라 유지될 때에만 즉 다시 말하면 그 地域에 通常的

인 경우에만 인용되어야 한다. 더구나 그 침해가 措置를 통하여 禁止될 수 없을 때에는 이러한 종류의 土地利用은 경제적으로 기대 가능한 것이다. 先存하는 이웃 공간에 새로이 附加되는 임밋시온을 許容하게 되면, 그 후에는 그것을 이미 事實的으로 確立된 現狀(status quo)으로서 조사하게 된다. 사람들이 제906조의 규율을 一般利益에 있어서의 環境保護私法的인 規律로 보는 한, 이러한 자체는 環境調和의 규정을 위한 基準을 간접적으로 설정하게 된다. 넓은 의미에서의 環境保護權은 1974년 4월 1일부터 우선 연방임밋시온보호법(BImSchG)[2]과 그것에 의하여 공포된 규정들에 의하여 公法的 規範으로 규율되기 때문에 제906조는 어느 범위에서 適用되는가 하는 문제가 생긴다.

2. 公法的 環境保護法 특히 연방임밋시온보호법 規律과의 關係

環境侵害者가 土地所有者의 潛在的인 個別的 權利를 침해하거나 威脅하고 土地所有者는 일반적으로 오래 걸리는 소송절차의 유지를 감수하고서 실질적인 자신의 방어권을 실행할 것을 시도한다는 전제 아래에서만 제906조의 適用은 個別的 權利保護의 構成要素로서 그 작용을 펼칠 수 있다. 그런 까닭에 救濟策은 항상 개개의 경우에서만 가능한 것이고 이러한 개별적인 경우들의 合은 사정에 따라서 一般利益에 있어서의 효과적인 環境保護를 실현시킬 수 있다.

결국 제906조의 適用에 있어 地域通常性(Ortsüblichkeit)의 중심적인 구성요건적 표지는 일반적인 環境保護權에 중요한 한계를 설

---

2) 원 명칭은 Gesetz zurn Schutz vor schädlichen Urnwelteinwirkungen durch Luftverunreinigungen, Geräusche, Erschütterungen und ähnliche Vorgänge이다. 약칭으로 BlrnSchG라고 부른다. 聯邦임밋시온保護法에 대하여는 정재길, '西獨의 임밋시온保護法'을 참조.(法學 第22卷 1號 180面 以下).

정하는 것이다. 독일의 학설과 판례는 地域通常性에 대한 규준으로서 이웃하는 공간 이용의 실질적인 通常性을 옛날부터 보통 내세워 왔다. 이러한 地域通常性은 나란히 놓여 있는 土地를 동질적으로 이용하는 것이 나타날 때에는 적당한 비교 척도가 된다. 실질적인 발전에 있어 제906조의 규정에서 보류된 나머지는 그럼에도 불구하고 오늘날 가장 넓은 의미에서 空間計劃法을 통하여 形成되었다. 空間秩序規定에 근거하여 공포된 계획과 인가는 제906조에서 행하고 있는, 不變傾向과 發展傾向 사이의 利益比較를 포함하고 있다.

연방임밋시온보호법의 규율은 관청과 현실적 또는 잠재적 시설 설치 이용자 사이의 종속관계를 기초로 한다. 이러한 틀에서 認可를 받아야 하는 의무가 정해지고(제4조 이하), 認可의 조건이 규정된다(제6조). 유해한 임밋시온이 생기는 때에는 간섭권능이 認可를 필요로 하지 않는 시설의 경우(제24, 25조)에도 인정되는 것처럼, 事後的 命令의 可能性(제17조)과 이미 주어진 許可의 撤回(제21조)가 확정된다.

제1조에서의 一般條項을 통하여 규정하는 바와 같이 연방임밋시온보호법의 保護目的은 不動産에 관련된 것이 아니라 유해한 環境影響으로부터 인간 그리고 사물과 같은 동물·식물의 보호와, 環境에 대한 有害한 影響의 발생을 예방하는 것을 포용하도록 계획된 것이다. 이 법률은 그 適用領域에 있어 營業法(GewO)[3] 제16조 이하에서 규정하는 認可節次를 요하는 危險한 施設(연방임밋시온보호법 제4조에서 제21조까지)과, 임밋시온의 最高限度値의 범위내에 있는 認可를 要하지 않는 施設(同法 제33조에서 제35조까지), 그리고 交通領域에서의 임밋시온(同法 제38조에서 제41조까지) 등을 포함하고 있다.

연방임밋시온보호법 제6조와 제5조는 이웃에게 현저한 곤란을

---

3) Gewerbeordnung, 개정된 營業法이 1978년 1월 1일부터 시행되고 있다.

야기시키지 않을 것을 認可의 前提로서 기술하고 있다. 그러나 이러한 임밋시온을 통한 이웃에의 重大한 妨害 또는 願著한 困難의 危險 등의 개념은 이웃의 권리의 私法的인 評價基準과 실질적으로 동일하지는 않다. 임밋시온을 금지시키기 위해서는 辯論에서 임밋시온의 重大性을 입증해야 하는데 일반적으로 基準値의 違背는 環境에 부담을 준다는 것을 가리키는 것이다. 그러나 그것과 반대로 임밋시온이 基準値 以內에 있다 하더라도 事實審의 事實關係의 評價에 따라 忍容義務를 부정하기도 한다.

公法的인 계획에서 표현되는 공간의 장래 발전의 결정에 地域通常性의 조사를 반영하면 민법적인 이웃보호와 공간계획법 사이의 모순이 극복될 것이다. 또한 "環境調和"의 의미에서 제906조 제2항의 地域通常性 개념을 이용하여 公法的인 環境保護와 私法的인 環境保護 사이에 調和를 이룰 것을 모색할 수 있을 것이다. 公法的으로 형성된 임밋시온금지법과 함께 獨逸民法 제906조는 독자적으로 유용한 규정으로서 고려되는 것이다. 그러므로 임밋시온 限界値의 有害性 限界는 종종 의무자에게 결국은 구속력 있는 상위 한계가 된다. 따라서 限界値 아래에 있는 임밋시온에 대하여는 단지 하나의 임의의 근거만을 줄 뿐인 것이다. 그러므로 獨逸民法 제906조는 두 가지 관점에서 결함 보완의 기능을 갖는데, 그 하나는 계획대로 발전된 공간에 관한 상린관계를 결여하고 있을 때 실제의 지역성격을 토대로 제906조가 세우고 있는 忍容義務의 確立을 통해서, 또 다른 하나는 公法的인 環境保護法의 구조적으로 제한된 결함의 조정을 통해서, 公法的인 認可節次에서의 일반적인 고려에도 불구하고 나타날 수 있는 環境侵害的인 기도에 대하여 개인에게 단호한 조치를 취할 수 있는 주도권을 주고 있는 것이다.4)

---

4) Säcker, Müchener Kommentar für BGB 제3권, 550면, 551면.

Ⅳ. 임밋시온法의 基本原理

임밋시온법은 서로 이웃하는 토지의 利用者들의 物權의 限界를 상호 調整하는 相隣關係規定 中의 하나인데 결국은 土地의 利用權과 物權的 妨害排除請求權의 조정역할을 맡고 있다고 할 것이다. 土地所有者는 자기의 土地에 침해하는 모든 임밋시온을 금지할 수 있다는 것이 전제가 되는데,[5] 다만 어느 정도의 忍容義務는 인정할 필요가 있고 이것이 바로 獨逸民法 제906조에 규정되어 있는 것이다. 제906조에 의한 忍容義務는 다음 두 경우에 인정된다. 그 하나는 임밋시온에 의하여 土地所有者의 이용이 侵害되지 않거나 侵害되더라도 重大한 侵害가 되지 않는 경우이고[6], 다른 하나는 土地所有者의 이용지에의 重大한 侵害가 되더라도 그 지역에 通常的으로 행하여지는 土地利用으로부터 생긴 것이고 經濟的으로 期待可能한 防止措置에 의하더라도 防止할 수 없는 경우이다.[7] 다만 後者의 경우에 그 임밋시온이 기대할 수 있는 한도를 넘어서 자기 토지에 地域的으로 通常的인 利用 또는 收益을 侵害하는 때에는 임밋시온 發生地의 이용자에 대하여 調整的 補償을 請求할 수 있다.[8] 그러나 특별한 誘導에 의한 임밋시온의 侵入은 허용되지 않는다.[9]

---

5) 독일민법 제903조는 물건 소유자의 일반적 침해배제권을 인정하고 동 제1004조는 방해제거청구권과 방해예방청구권을 규정하고 있다.

6) 독일민법 제906조 제1항.

7) 독일민법 제906조 제2항 제1문.

8) 독일민법 제906조 제2항 제2문.

9) 독일민법 재906조 제3항

V. 獨逸民法 第906條 第1項의 干涉으로 인한 土地利用의 重大한 侵害

1. 干涉(Einwirkung)의 搬念

獨逸民法 제906조는 다른 土地로부터 시작된 干涉에 대하여서만 所有權者의 防止權을 限界짓는 것이다. 여기서 干涉의 槪念은 感覺的으로 認識할 수는 있으나 무게를 測量할 수 없는 物質(Imponderabilien; 不可量物), 다시 말하면 土地나 공기에 의하여 機械的이거나 物理的인 方法으로 引導되는 物質로 특징지어진다.10) 獨逸民法 第906條 第1項에서는 그러한 것으로서 "가스, 蒸氣, 냄새, 煙氣, 煤煙, 熱, 騷音, 振動" 등에 의한 運搬(Zuführung)과 또한 "다른 土地로부터 發散되는 이에 類似한 干涉"을 規定하고 있다. 따라서 이러한 干涉이 반드시 人間의 行爲를 통하여 惹起될 것을 要하는 것은 아니다. 干涉은 自然的인 事故에서 原因된 것이더라도 상관없는 것이다.

빛, 공기, 물 등을 障碍物로 그 流入을 막는다든가 高層建物에 의한 電波妨害 같은 것은 不可量物에 의한 積極的인 '運搬'이 문제되지 않으므로 第906條에 있어서의 '干涉'에 해당하지 않는다.11) 생사탕기계의 모습이나 홍등가의 모습, 보신탕집, 酒店地域안에 고철 · 쓰레기 · 건축자재 등을 쌓아놓는 등의 불쾌한 광경이 精神的인 侵害는 가져올 수 있으나 肉體的인 健康을 直接的으로 해치지는 않는다. 이러한 소위 觀念上의 非物質的인 임밋시온은 法條文을 具體的으로 해석할 때 '干涉'의 槪念속에 들어오지 않는다.12)

---

10) 獨逸民法上의 임밋시온 規定의 成立歷史에 관하여는 中山 充의 ドイツ民法 におけるイミシオン規定の成立, 民商法雜誌 71卷 1號 24面 以下 및 同卷 2號 78面 以下를 參照할 것.

11) Säcker 전게서, 551面.

이 경우 精神的인 侵害에 대하여는 獨逸에서는 요즈음 論議되는 一般的인 人格權의 侵害로서 不法行爲에 포섭시키고 있다.13)

2. 重大한 侵害의 一般的인 判斷基準

(1) 干涉의 測定

重大하지 않은 侵害는 原則的으로 所有者가 忍容할 義務가 있다. 그러나 그 干涉이 重大한 경우에는 그 地域에 通常的인 利用이냐의 여부와 期待可能한 防止措置의 經濟性 여하에 따라 다시 判斷하게 된다. 獨逸民法 第906條에서 규정하는 侵害는, 이웃 土地에 사는 사람의 肉體的인 健康을 害한다든가 또는 그 이웃 土地에 있는 動物이나 植物을 포함한 物件에의 損害를 말한다.14) 侵害의 重大性의 概念은, 이웃과의 共同體關係에서의 그 지역에 通常的인 '社會的 妥當性 있는' 귀찮음과, 單純한 귀찮음을 넘어서 肉體的인 不快感을 惹起시켜 重大한 干涉이 되는 것과의 사이에 境界設定에 도움을 준다. 重大하지 않은 干涉은 서로 이웃되는 土地의 갖가지 다른 利益을 고려하면서 可能한 한 넓은 經濟的인 利用을 할 수 있게 하기 위하여 獨逸民法 第903조와 第1004條에 맞는 規律에도 역시 필요한 것이다.15)

임밋시온은 그 種類에 따라 技術的으로 가능한 한 客觀化된 測定節次에 따라 測定된다. 獨逸에서는 우선 독일기술가협회(VDI)의 技術的인 原則이나, 보다 확대된 規定인 聯邦임밋시온保護法(BImSchG 第66條 第2項)에 근거하여 임밋시온을 限界짓는다. 이 때 그러한 원

12) BGHZ 51, 396ff. (NJW 1969, 1208).

13) 물론 우리법에서는 一般的 人格權의 槪念을 援用할 필요가 없다고 본다. 獨逸에서 이러한 槪念이 援用되는 까닭은 不法行爲의 개념이 너무 협소하기 때문이다.

14) BGHZ 51, 396, 397f.

15) Säcker 前揭書, 552面.

칙을 違反할 때에는 干涉의 有害性이 確定되고 따라서 恒常 重大한 侵害가 된다. 干涉이 이러한 限界 內에 있다고 하더라도 그것만으로는 임밋시온이 重大하지 않은 것으로 確定되지는 않는다. 人間의 삶의 環境에 대한 그 밖의 모든 侵害, 특히 居住可能性와 制限(예를 들면 정원이나 발코니를 利用할 可能性의 侵害, 또는 겨울에는 물론 여름에도 창문을 거의 완전히 닫고 있어야 하는 구속 등)은 重大性의 間接證據로 看做될 수 있다.

(2) 客觀的 主觀的 標準의 個別化

重大한 侵害와 重大하지 않은 侵害 사이의 限界設定은 임밋시온에 관계된 이웃의 특별한 感情 아래서가 아니라 임밋시온에 관계된 地域의 住民一般의 假定的인 感情에 의하여 이루어진다. 임밋시온의 源泉의 影響範圍 內에 있는 土地의 갖가지 다른 性質과 目的指定에 따라 여전히 참고 견뎌야 하는 임밋시온인지 아니면 防止可能한 임밋시온인지가 區別되기 때문에 이러한 標準은 主觀的으로 된다. 또한 土地의 實際의 目的指定에 따른 利用이 어느 범위에서 妨害되는가 하는 것이 標準으로 된다. 물론 이때 自體內의 攪亂可能性을 考慮하여야만 한다. 뿐만 아니라 重大性의 槪念은 一般的인 環境關係의 變化에 一致하고 永續的인 변화에는 從屬된다. 關係된 土地의 狀態에 따라 實際로 있는 干涉이 다르게 測定될 수 있기 때문에 이미 産業的으로 그리고 交通上 더욱 개방된 地域의 居住者에게는 一般的으로 임밋시온에 대하여 包括的인 忍容義務가 賦課된다.16)

(3) 侵害의 持續과 時點

持續的으로 繼續되는 干涉만이 重大한 侵害가 되는 것이 아니다. 단 한번의 重大한 임밋시온이 있을 때라고 하더라도 損害賠

16) 上揭書, 553面.

償責任이 發生할 수 있다. 또 낮에는 성가시지 않은 騷音도 밤에는 괴롭게 느낄 수 있는 것이다. 그리고 個別的인 임밋시온만으로는 損害가 重大한 것으로 판정받지 않는다 하더라도 다른 그러한 임밋시온이 서로 합해지고 서로 강화된다면(공동 임밋시온) 개개의 경우에 있어 干涉의 重大性 判定에 影響을 준다.[17]

Ⅵ. 獨逸民法 第906條 第2項 第1文에 의한 重大한 干涉때의 忍容義務

獨逸民法 第906條 第2項 第1文에 의한 重大한 干涉때의 忍容義務는 그 重大한 干涉이 그 地域에 通常的인 것이거나 또는 그 地域에 通常的인 것이 아니라고 하더라도 그 防止指置가 經濟的으로 期待可能한 것이 아닐 때에는 侵害받는 土地利用者는 忍容할 義務가 있다. 따라서 아래에서는 그 要素가 되는 地域通常性과 經濟的으로 期待可能한 防止措置의 槪念을 살펴보기로 한다.

1. 地域 通常性(Orts blichkeit)[18]

임밋시온이 그 地域에 通常的인 것이라고 判斷하는 데 있어서 妨害받는 土地의 利用과 그 地域의 다른 土地의 利用을 比較하는 것이 그 基礎가 된다. 이 地域通常性의 개념은 相當히 不明確한 것으로서 이 判斷은 결국 그 狀況을 演出하는 現實의 實際 狀態를 觀察함으로써 생기는 印象(特徵; Gepräge)이 決定的인 役割을 맡게 된다(印象理論).[19] 한 地域의 實際의 印象은 그 地域의 建築

---

17) 個別的인 경우의 基準과 判斷에 대하여는 上揭書 554面 以下를 參照.

18) 이 용어를 澤井 裕는 イミシオンの法理と判例(ジュリスト 328號 95面)에서 場所慣行性으로 번역하였고, 安二藩 辯護士는 이를 그대로 받아들였다('獨逸法上의 Immission의 法理', 慶熙法學 13권 1호, 1975.12., 11面 이하).

에 관한 利用의 특정한 條文(BauNVO §1②, §2)에 의한 空間的인 區分에 따라 보다 더 잘 規定될 수 있다. 예를 들면 工業地域, 商業地域, 住居地域 등으로 나누어질 때 具體的으로 그 地域에서의 土地 過半數의 그 밖의 利用이 個別的 구역에 있어 보다 細分類를 필요로 할 수 있다. 물론 그럴 때에 어떤 地域으로부터 특정한 地帶를 分離해내는 데 대한 요구를 너무 가볍게 취급해서는 안된다. 空間秩序計劃과 建築計劃은 문제된 地域의 印象을 確定하는 데 대한 중요한 요소가 된다. 그럼에도 불구하고 한 行政區域에서의 實際 發展이 원래 계획된 發展과 다른 모습으로 되거나 문제가 된 現 狀況이 計劃된 空間狀況과 일치하지 않는다면, 임밋시온의 地域通常性은 計劃을 基礎로 하여 근거지울 수는 없다. 또한 建築規制法(Bauordnungsrecht)에 따라 시설이 認可된 것은 官廳의 實務上 官廳의 評價가 반영된 때에는 地域通常性의 間接證據가 된다. 물론 地域通常性의 構成要件的 標識를 解釋함에 있어서 의심스러운 때에는 장래에 관련된 空間計劃에 依存하게 될 것이다. 물론 빈약한 것이긴 하지만 이러한 방식으로 公法的인 計劃法과 私法的인 相隣權과의 調和가 이루어진다. 방해되는 土地의 利用을 그 行政區域의 다른 土地의 利用과 비교함에 있어서는 通常的이고 전형적인 利用이 그 基準이 된다. 한 對象地域에 임밋시온이 실제로 존재한다는 것은 흔히 比較土地의 多數가 같은 식으로 利用될 때에는, 방해되는 다른 土地와 대체로 비슷한 정도의 侵害가 結果된다고 볼 것이다. 그리고 또한 한 토지의 利用의 種類는 地域特徵을 印象짓는 작용을 한다.[20]

現存하는 임밋시온은 地城에 通常的인 것으로서 忍容하여야 한다. 그러나 그 지역에 통상적인 것으로 判斷받은 후에 새로이 附加된 임밋시온이 첫 번째의 것과 유사한 것일 때에는 그것은 地

---

19) BGH LM Nr.11=NJW 1959, 1632.

20) BGHZ 15, 146.

域通常性의 判斷에 影響을 준다. 방해받는 토지의 利用이 그 干涉의 影響範圍內에 있는 다른 土地들과 그 干涉의 種類와 정도에 의해 현저하게 구별되는 때에는, 당면한 종류의 干涉을 居住者들의 압도적인 다수가 참는다면 그 干涉은 법적으로 중요하지 않은 것이다.

그 地域에 日常的인 干涉이 通常的으로 增加하는 것이 原則的으로 禁止될 수 있다. 물론 이때에 日常的인 干涉은 歷史的으로 變化하지 않는 것으로 解釋될 수 있는 것이 아니고 그 干涉의 편에서 보면 技術的 進步의 條件아래 항상 變化한다는 것을 주의하여야 한다. 그러한 限度內에서 第906條는 "小市民的인 이웃의" 空間의 實際 현상을 지향함에도 불구하고 실제의 상황을 변동시키지 않는 고정된 규정은 아니다.[21] 따라서 干涉이 이제까지 결코 通常的이 아니었던 새로운 技術에 의한 生活方法에 의하여 發生하게 되면 그 變化에 대해서 그 간섭의 發出者가 그 地域의 실제의 '印象'에 접합되고, 營業經濟的인 또는 技術的인 理由에서 이제까지처럼 土地를 다른 종류와 방법으로 特定한 目的에 一般的으로 이용하는 것인 한, 干涉은 地域通常性을 가진 것이 될 수 있다.

地域通常性의 判斷을 위해서는 裁判上 最後口頭辯論終結時에 나타나는 바의 실제의 관계를 기준으로 해야 한다. 그것은 소위 繼續的인 임밋시온에서는 보통 아무런 문제를 낳지 않으나, 繼續的이 아닌 임밋시온에 있어서는 그 임밋시온이 보통 발생하는 時點을 기준으로 삼아야 한다. 임밋시온의 일시적인 증가는 고려할 필요가 없다. 또한 妨害받는 者가 그 토지를 防害의 시작 후에 비로소 취득하였느냐 여부, 또는 地域通常性이 관계의 變化에 의하여 추가적으로 전개된 것인가의 여부는 중요하지 않다. 그리고 防害받는 건물의 위법한 變化때문에 被害가 나타난 것이 아니라면, 被害를 주는 土地나 被害를 받는 土地의 利用의 變化를 통해

21) Sacker. 前揭書 564面.

서 임밋시온은 비로소 地域通常的인 것으로 판단할 수 있다. 계획된 利用에 실제의 利用이 順應하는 시간동안은 실제 이용이 地域通常性을 판단하는 기준이 된다. 다른 임밋시온 효과를 보다 더 오래 利用할 때에는 모든 部分行爲의 集合相(Gesamtbild)이 法的으로 중요한 判斷基準이 된다. 發生한 유해한 임밋시온을 처음에 반대 없이 忍容하면 그 후에는 관계된 所有者들은 그 임밋시온을 이제는 地域通常的인 것으로서 忍容하여야만 한다. 이때에 관계된 土地所有者들의 多數가 임밋시온을 忍容하여 禁止權을 個別的으로 無效化시키면 그 임밋시온은 防止하기에 시기적절한 것이 아니게 된다. 왜냐하면 土地所有者들의 遲滯로 인하여 실제의 地域相(Gebietsprofil)이 이미 변화하였기 때문이다.[22]

2. 經濟的으로 期待可能한 防止措置

土地所有者는 그의 土地에의 重大한 地域通常的인 侵害가 그 利用者에게 經濟的으로 期待 可能한 種類의 措置에 의하여 防止될 수 없을 때에는 그 침해를 忍容하여야 한다(獨逸民法 第906條 第2項 第1文). 따라서 임밋시온의 地域通常性은 獨逸民法 第1004條로부터 나오는 토지소유권의 妨害排除請求權과 防害豫防請求權의 제한만을 正當化하는 것은 아니다. 침해를 重大性의 限界아래에 놓는 技術的인 모든 設備는 經營經濟的인 可能性과 같이 第906條 第2項 第1文의 의미에서의 경제적으로 期待可能한 조치로 理解되어야 한다.[23] 侵害者에 의한 효과 있는 조치의 판단에는 適合性, 必要性, 均衡性의 原則이 역시 適用된다. 다시 말하자면 그 조치는 技術的으로 實施할 수 있는 것이어야 하고, 效果的이어야 하고, 終局的인 것이어야 하고, 이러한 종류의 利用者에게 經濟的으

22) 上揭書 565面.

23) 上揭書 568面.

로 期待可能한 것이어야 한다. 기업이 더 이상 장기간의 이익이 나을 수 없는 지출을 그 조치가 요구한다면 그 기대가능성은 부정되어야 한다.

Ⅶ. 獨逸民法 第906條 第2項 第1文 以外의 忍容義務

獨逸民法 第1004條에 따른 行爲妨害者와 狀態防害者에 대한 土地所有者의 妨害排除 및 妨害豫防請求權은 法的으로 다른 觀點에서 排除될 수 있는데 이때에는 그 地域에 通常的이 아닌 重大한 침해의 存在에도 불구하고 그 방해는 忍容되어야 한다. 土地所有權의 침해는, 예를 들면 役權(Dienstbarkeit)과 같은 制限物權에 基하여, 또는 (貸借權과 같은) 債權에 基하여 忍容되어야만 할 때도 있다.

그 외에도 聯邦임밋시온保護法 등 特別法에 의한 政府當局의 投資承認에 의한 忍容義務(聯邦임밋시온保護法 第14條)와 性質上 중요한 營業과 主權行爲 때의 忍容義務, 그리고 自然保護 利益에 있어서의 忍容義務 등이 土地所有者에게 부과된 것으로 해석된다.[24)]

Ⅷ. 被害者의 救濟

獨逸民法 第906條의 忍容義務가 認定되지 않을 때에는 土地所有者(被害者)는 그 침해의 排除와 방해의 除去를 구할 수 있다. 이는 所有權에 基한 物權的 請求權으로 獨逸民法 第1004條에 의해 인정된다. 또 이것은 소유자에게도 인정된다.[25)] 그러나 임밋시온이 있다 하더라도 그것이 重大한 것이 아닐 때에는 그 排除와 調

24) 자세한 것은 上揭書 596面 以下를 參照할 것.

25) 독일민법 제862조, 제858조.

整的 補償 어느 것도 請求하지 못한다. 그 地域에 通常的이 아닌 土地利用으로부터 重大한 침해가 초래된 경우, 또는 그 地域에 通常的인 임밋시온이 상당한 조치에 의하여 防止할 수 있음에도 불구하고 重大한 侵害가 된 경우 土地所有者(被害者)는 民法 第906條에 의하여 侵害土地의 利用을 禁止시킬 수 있다.[26] 그 地域에 通常的인 임밋시온이 經濟的으로 期待할 수 있는 상당한 防止措置에 의하여도 防止할 수 없는 때에는 중대한 侵害를 받더라도 調整的 보상을 請求할 수 있을 뿐이다. 이 때 보상의 액에 대하여는 학설상 다툼이 있으나 공평한 評價를 위하여 법관에게 넓은 재량의 여지를 인정하고 있다. 다만 營業法 第26條의 보상청구권이 妨害除去請求權의 대상으로서의 성격을 지니고 있어 忍容義務의 정도를 넘는 임밋시온으로부터 생기는 손해의 전액배상인데 반하여 독일民法 第906條의 調整補償請求權은 보다 더 조정적 성격이 강한 것으로 보인다.

Ⅸ. 맺는말

이상에서 獨逸民法上의 임밋시온規定에 대하여 간략하게 살펴보았다. 우리 民法의 규정은 獨逸民法의 舊 規定을 모체로 하여 立法한 것으로 평가되는데 이러한 規定이 없는 일본에서는 英美法上의 뉴상스(nuisance)를 본받아 공해를 중심으로 不法行爲法上의 논의가 많다. 우리 法에서도 이러한 方式으로 처리할 수 있으나 基本的으로 우리 法은 독일民法的인 처리를 염두에 두고 있는 것이므로 가능한 한 이러한 원리에 따라 處理를 하여야 한다. 따라서 우리 민법 第217條 第1項의 임밋시온이 언제나 禁止되는 것

26) 다만 이것에 營業法 第26條가 適用될 事案일 경우, 즉 그 設備가 당국의 許可를 얻은 경우에는 防止設備의 設置 내지 補償을 請求할 수 있을 뿐이다.

이라고 해석할 것이 아니라 重大한 손해에 해당할 경우에 금지되는 것이라고 解釋할 것이고, 第217條 第2項의 '前項의 事態'라는 것이 바로 이러한 '重大한 침해'를 말하는 것이라고 보아야 한다. 따라서 第217條 第2項의 '忍容할 義務'와 '이웃 土地의 通常의 용도'에 대한 해석에 있어 독일民法上의 '地城通常性'의 概念을 받아들이고 第217條 第1項의 '적당한 조치'에 대한 해석에서도 侵害者에게 技術的으로 가능하고 또한 經濟的으로 期待可能한 것이어야 한다고 해석하여도 좋을 것이다. 그러나 우리 法에 있어서 未備點은 무엇보다도 被害者에 대한 보상이 규정되어 있지 않기 때문에 결국은 不法行爲로 그 責任을 물을 수밖에 없게 되어 임밋시온으로서의 規律은 限界가 있게 된다. 따라서 임밋시온 法理로서의 規律이 제대로 되기 위해서는 第217條 第1項의 적당한 조치의 內容에 經濟的 보상이 포함될 수 있는지 여부를 논의할 필요가 있다. 다만 이 경우 侵害者의 責任範圍가 무한정 커지는 것을 막기 위해서는 적절한 제한을 할 필요가 있는데 그것은 侵害防止措置의 經濟的 可能性과 技術的 可能性으로써 한계를 지울 수 있고 그러한 경우에 侵害者가 被害者에게 적절한 對策을 제공하도록 規律하여야 할 것이다.

제4장 민법개정안의 법정지상권에 관한 연구

[목 차]

Ⅰ. 序 論

1. 論議의 範圍

독일에서는 21세기를 맞이하기 전부터 그 동안 꾸준히 벌여오던 민법전의 개정작업이 마무리되어 올해 초부터 시행되고 있다. 이번의 개정은 채권법이 중심이었다. 우리나라에서는 민법전의 시행 40주년을 맞이하게 되면서부터 개정논의가 있어왔고 그 성과가 작년 말에 법무부 산하 민법개정특별분과위원회[1]가 준비한 2001년 12월 13일 및 14일에 있었던 공청회 자료집으로 나타났

* 이 글은 아세아여성법학연구소 아세아여성법학 제5호(2002.6) 345면-363면에 게재되어 있음.

1) 이하에서는 '개정위원회'라 한다.

다. 이 자료집에 나타난 개정안은 민법전의 재산편 전반에 걸친 방대한 분량이다. 이 개정위원회 위원들이 그 동안 많은 논의와 연구를 하여 이러한 성과를 개정안으로 내놓은 것이므로 이들의 노력을 존중하는 뜻에서 단순히 문자상의 자구 수정이나 표현에 이견이 있는 것 등에 대하여는 의견을 표하지 않기로 한다. 이 글, 즉 개정안 중 극히 일부분에 대한 검토는 순전히 개인의견에 불과하기 때문이다. 그러나 이 글에서 다루고자 하는 법정지상권에 관한 개정안의 검토는 우리 민법전의 체계상 매우 중대한 문제를 내포하고 있기 때문에 공청회 자료집을 기초로 하여 개정안 제279조의2에 대하여 자세히 검토하여 보고자 한다. 여기에 그 동안 각 학회에서 있었던 학술대회의 논의도 첨가하여 살펴보고자 한다.2)

2. 論議의 目的

우리 민법전에서는 다른 나라의 민법과는 달리 토지와 건물이 별개의 부동산이다. 따라서 어떤 이유로 같은 주소지에 있는 토지와 그 지상건물의 소유자가 서로 달라지면 그 토지의 이용에 대한 조절을 꾀할 필요가 있다. 우리 판례가 그 동안 소위 "관습상의 법정지상권" 또는 "관습법상의 법정지상권"을 인정하여온 이유는 바로 그러한 토지의 이용관계의 충돌에서 비롯되는 건물의 망실을 막기 위해서였다고 할 수 있다. 이러한 법원의 노력은 구체적 타당성을 지향하는 현실적인 필요에 의해서였다고 보인다. 그러나 법원은 이러한 "관습법상의 법정지상권"의 인정에 있어서 가급적이면 민법의 체계와 당사자의 의사에 반하지 않도록 하기 위하여 주의를 기울여온 것도 사실이다. 즉 "관습법상의 법

2) 그 중에서도 2002년 4월 27일 서울대학교에서 있었던 한국민사법학회의 2002년 춘계학술대회에서는 이 글에서 논하고자 하는 법정지상권 부분에 대하여 간단하기는 하지만 약간의 논의도 있었다.

정지상권"을 인정하기 위해서는 엄격한 요건을 필요로 하였고 이를 가급적이면 확대적용하지 않으려고 노력하였다. 그런데 개정안은 이를 실정법에 반영하려는 발상을 가지고 그 동안 판례에 의하여 인정되던 "관습법상의 법정지상권"을 정면에서 인정하려고 한다. 물론 표현으로 보아 약간의 논의의 여지는 있지만 개정안의 기본적인 태도는 또 하나의 법정지상권을 인정하는 것과 같은 모습을 보이고 있다. 개정안의 이러한 태도는 민법전의 기본적 골격을 건드리는 것이며, 그 동안 판례에 의하여 인정되던 것과는 그 종류를 달리하는 것이다. 따라서 여기서의 논의는 판례상 인정되던 "관습법상의 법정지상권"과 개정안에 새로이 규정된 법정지상권의 차이를 살펴보고 법체계상 그것이 수용되기 어려운 이유를 개진하여 개정안에서 이 규정이 삭제되어야 함을 논리적으로 밝히고자 한다. 또한 개정안이 새로이 규정한 법정지상권 규정이 자체적으로 갖고 있는 문제점을 살펴보고자 한다.

Ⅱ. 法定地上權의 體系

1. 民法上 法定地上權의 地位

토지를 소유하지 못한 자가 토지를 이용할 수 있는 방법에는 주지하다시피 물권적인 방법과 채권적인 방법이 있다. 후자의 예로는 임대차계약에 의하여 타인의 부동산을 임차하여 사용할 수 있는 것을 들 수 있으며, 우리 민법은 부등산임차권의 효력을 상당히 강화하여 타인의 부동산을 이용하는 자를 보호하려는 경향을 보이고 있다. 전자의 방법에는 당사자가 지상권을 설정하거나 전세권을 설정하여 타인의 부동산을 사용하는 방법이 있다. 전세권의 경우 용익권적인 성격과 담보권적인 성격을 아울러 갖고 있는 것으로 파악하고 있는 것이 일반적인데 반하여 지상권의 경우에는 순수한 용익물권으로 보고 있다. 토지를 이용하려는 사람은 많은데 반하여 토지는 한정되어 있기 때문에 타인의 토지를 사용하여야만 하는 경우가 생기는 것이 사회의 실정이다. 따라서 공작물 또는 수목을 소유하기 위하여 타인의 토지를 이용하려는 자가 그 권리를 물권으로서 취득하려고 할 때에는 지상권을 설정하여야 한다.[3)]

그러나 이러한 법률행위에 의하여 지상권을 취득하지 않고 법률의 규정에 의하여 지상권을 취득하는 경우도 있다. 이러한 법정지상권이 인정되는 이유는 다음과 같다. 다른 나라의 법제와는 달리 우리 나라의 법제에서는 토지와 건물이 서로 다른 별개의 부동산으로 다루어진다. 그런데 건물은 공중누각일 수 없으므로 그 전제로서 건물이 위치할 수 있는 토지가 있어야만 한다. 토지와 건물이 별개의 물건이지만 동일인에게 귀속되어 있는 경우에는 그 충돌이 현실화되지 않지만 어떤 사유로든 토지와 그 지상건물의 소유자가 서로 달라지는 경우에는 그 토지의 이용관계가 서로 부딪히지 않을 수 없다. 물론 이 때 당사자가 토지의 사용관계에 대하여 서로 협의를 하여 지상권을 설정한다면 특별한 문제는 생기지 않는다. 그러나 이렇게 토지와 건물의 소유자가 서로 달라지는 경우에 토지의 사용관계에 대한 협의를 할 기회도 없는 경우에는 건물은 철거되어야 하는 처지에 놓이게 되고 이는 사회 경제적으로 커다란 손실이 될 수도 있다. 따라서 이 때 건물이 자리하고 있는 토지의 사용관계를 법률상 당연히 인정하여주는 제도가 바로 법정지상권이다. 즉 등기의 필요도 없이 건물의 소유자는 그 토지의 사용관계를 법적으로 인정받게 되는 것이다.

---

3) 공작물 또는 수목을 소유하기 위하여 전세권을 설정할 수 있는가라는 문제에 대하여 긍정하는 견해가 있다(곽윤직, 물권법, 신정수정판(1999), 박영사, 351면). 그러나 전세권자는 목적물의 현상을 유지할 의무를 지므로(민법 제309조) 전세권은 부동산을 원래의 상태대로 유지하면서 이를 사용 수익하는 권리라고 하여야 한다(동지; 김증한 · 김학동, 물권법, 제9판(1997), 박영사, 414면).

민법에 규정되어 있는 것으로는, 토지와 그 지상의 건물이 동일소유자에게 속하는 경우에 건물에 대하여만 전세권을 설정한 후 토지소유자가 변경된 때(민법 제305조 제1항)와, 토지와 그 지상의 건물이 동일인에게 귀속하는 경우에 어느 한쪽에만 저당권이 설정된 후 저당권이 실행되어 경매됨으로써 토지와 건물의 소유자가 달라진 때(민법 제366조 제1항)이다. 그 외에 토지와 그 지상의 건물이 동일소유자에게 속하는 경우에 그 토지 또는 건물에만 가등기담보권 · 양도담보권 또는 매도담보권이 설정된 후 이들 담보권의 실행으로 토지와 건물의 소유자가 다르게 된 때(가등기담보등에관한법률 제10조)와, 토지와 입목이 동일인에게 속하고 있는 경우에 경매 기타의 사유로 토지와 입목이 각각 다른 소유자에게 속하게 된 때(입목에관한법률 제6조)가 특별법에 의하여 인정되는 법정지상권이다. 그 외에 판례에 의하여 인정되던 "관습법상의 법정지상권"이 있다. 항을 바꾸어 살펴본다.

2. "慣習法上의 法定地上權"의 民法上 地位

(1) 判 例

민법에서 규정하고 있는 법정지상권의 성립요건을 구비하지 못한 경우라고 하더라도 토지와 건물이 동일인의 소유에 속하였다가 그 건물 또는 토지가 매매 기타 어떤 사정으로 각각 그 소유자를 달리하게 된 때에 특히 그 건물을 철거한다는 약정이 없는 한, 당연히 건물소유자는 그의 건물소유를 위하여 토지소유자에게 소위 관습에 의한 법정지상권을 취득한다고 한다.[4)]

이 요건을 좀 더 나누어 살펴보면, 첫째 토지와 건물이 동일인의 소유에 속하였어야 한다. 따라서 토지와 건물이 각각 소유자를 달리하고 있었을 때에는 관습법상의 법정지상권이 성립할 여

4) 대판 62.4.18. 4294민상1103.

지가 없다. 그러나 동일인에게 속하는 한, 미등기의 건물이라도 관습법상의 법정지상권이 성립한다.[5] 이 동일인 소유요건은 토지와 건물의 소유자가 서로 달라지는 문제의 사건이 발생할 때에 충족하고 있으면 된다.[6]

둘째, 매매 기타의 원인으로 소유자가 달라져야 한다. 민법이나 특별법에 의하여 인정되는 법정지상권의 성립원인이 아닌 경우여야 한다. 매매,[7] 증여,[8] 강제경매,[9] 공유물분할[10] 등이 여기에 해당된다. 그러나 원래 동일인에게의 소유권 귀속이 원인무효로 이루어졌다가 그 원인이 무효임이 밝혀져 그 등기가 말소됨으로써 건물과 토지의 소유자가 달라지게 된 경우에는 인정되지 않는다.[11] 또한 환지처분으로 인하여 토지와 그 지상건물의 소유자가 달라진 경우에도 관습법상의 법정지상권이 인정되지 않는다.[12] 그리고 토지의 공유자 중 1인이 다른 공유자 지분 과반수의 동의를 얻어 공유토지 위에 건물을 신축하여 소유하고 있다가 토지와 건물의 소유자가 달라진 경우에도 건물의 소유자에게 관습법상의 법정지상권이 인정되지 않는다.[13]

셋째, 당사자 사이에 건물을 철거한다는 특약이 없을 것을 요한다. 철거의 특약이 있을 때에는 당연히 법정지상권 등의 건물을

5) 대판 88.4.12. 87다카2404: 그러나 미등기건물을 대지와 함께 양수한 자가 대지에 관하여서만 소유권이전등기를 경료한 상태에서 대지의 경매로 소유자가 달라지게 된 경우에는 관습법상의 법정지상권이 인정되지 않는다(대판 98.4.24. 98다4798).

6) 대판 66.2.22. 65다2223; 대판 70.9.29. 70다1454

7) 대판 60.9.29. 4292민상944; 대판 62.4.18. 4294민상1103; 대판 97.1.21. 96다40080

8) 대판 63.5.9. 63다11

9) 대판 63.5.9. 63다11

10) 대판 67.11.14. 67다1105; 대판 74.2.12. 73다353

11) 대판 99.3.26. 98다64189

12) 대판 96.3.8. 95다44535

13) 대판 93.4.13. 92다55756

위한 토지의 사용권을 인정하지 않는 것이 당사자의 뜻이기 때문이다.[14] 이 요건은 소극적 요건이므로 법정지상권을 부정하는 쪽에서 이를 입증할 책임이 있다.[15] 비록 관습법상의 법정지상권이 성립한 후라고 하더라도 건물 소유자가 토지 소유자와의 사이에 건물의 소유를 목적으로 하는 토지임대차계약을 체결한 경우 관습법상의 법정지상권을 포기하였다고 볼 것이라고 한다.[16]

이상의 요건을 갖추면 민법 제187조에 의하여 등기를 갖추지 않더라도 건물소유자는 법정지상권을 주장할 수 있다. 이 때 인정되는 지상권은 그 성립원인만 통상의 지상권과 다를 뿐 그 내용에 있어서는 같다고 한다.[17]

(2) 學 說

1) 慣習法上의 法定地上權 認定의 必要性 與否

판례에 의하여 인정되는 이러한 법정지상권에 대하여 그 필요성에 대하여 긍정할 수 있는 이유는 있다. 즉 토지와 건물을 별개의 부동산으로 하는 이상 그 이용관계의 조절이 필요한데 그에 관하여 당사자 사이에 토지사용권을 현실화할 기회가 없었던 경우에(민법 제366조), 또는 건물의 전세권자의 불이익을 막기 위하여(민법 제305조) 민법이 법정지상권을 인정하고 있으므로, 토지와 건물의 소유자가 다르게 된 경우 중에서도 당사자 간에 토지사용권을 마련할 기회가 없었던 경우나 그러한 기회가 있었지만 이를 인정하지 않으면 건물의 사용권을 가진 제3자의 이익이 침해되는

14) 곽윤직, 앞의 책, 332면에서는 이러한 특약이 없을 때라야만 토지와 건물의 소유자가 달라진 후에도 건물소유자로 하여금 그 건물의 소유를 위하여 토지를 계속 사용하게 하려는 묵시적 합의가 당사자 사이에 있는 것으로 볼 수 있고 따라서 관습법상의 법정지상권을 인정할 수 있다는 취지에서라고 짐작하고 있다.

15) 대판 88.9.27. 87다카279

16) 대판 92.10.27. 92다3984

17) 대판 68.8.30 68다1029에서는 민법의 지상권 규정을 준용된다고 한다.

경우에 한하여 법정지상권의 성립을 인정하는 것이 법의 취지에 맞는다고 한다.[18] 따라서 강제경매나 공매의 경우 관습법상의 법정지상권이 인정되어야 한다고 한다.[19]

그러나 판례의 태도에 대하여 강하게 비판하는 논조도 있다. 토지소유권에 대한 중대한 제한이 되는 이 법정지상권은 부득이한 경우에만 인정되어야 할 성질의 제도이며 그 인정범위를 확대한다는 것은 되도록 피하여야 한다고 한다.[20] 그런데 소위 관습법상의 법정지상권이 인정되는 경우라는 것은 결코 그러한 부득이한 경우가 아니라고 한다. 즉, 동일인에게 속하였던 토지와 건물 중 어느 하나를 매매나 증여 등으로 양도할 때에 건물을 철거하지 않고 존속시키려면 다른 법적 조치를 당사자가 취할 수 있는데도 그러한 조치를 취하지 않은 경우까지를 보호하여 건물을 위한 토지사용권을 특별히 인정한다는 것은 건물소유자에게 지나친 친절이며 토지소유자에게는 가혹한 희생이라고 한다.[21]

2) 認定根據에 대한 論議

판례는 이 법정지상권의 근거를 관습법이라고 하고 있다.[22] 이에 대하여 학계의 비판이 있다. 즉, 동일인의 소유에 속하는 토지와 가옥 중에서 가옥만 매수하면 가옥의 소유자는 그 토지 위에 지상권을 취득하고 토지의 소유자는 가옥의 소유자에 대하여 그

---

18) 김증한 · 김학동, 앞의 책, 392면. 그러나 이러한 필요성에도 불구하고 그 인정근거에 이의를 제기하고 법률행위에 의하여 토지와 건물의 소유자가 달라진 경우에는 법정지상권을 인정할 필요가 전혀 없다는 결론을 내고 있다(동 393면).

19) 고상용, 물권법, 법문사, 2001년, 458-459면.

20) 곽윤직, 앞의 책, 333면.

21) 위 책, 334면; 박재윤, 민법주해Ⅵ, 116면도 같은 견해이다.

22) 이에 대한 최초의 판결은 일정시대의 조고판 16.9.29의 판결로서 이를 인정하는 것이 관습이라고 하였다. 이를 우리 대법원에서 받아들여 이를 인정하는 것이 "우리 나라의 관습"이라고 하여 인정하였고(대판 60.9.29. 4292 민상944), 그 뒤의 판결들이 이를 따르고 있다.

철거를 청구하지 못한다고 하는 것이 우리 나라 국민의 일반적 법의식이라는 점에 강한 의문을 제기하는 견해도 있다.[23] 또 한편 일부 판결은 그 인정이유를 "건물로 하여금 건물로서의 가치를 유지하게 하자는 국민경제상의 필요에 의하여 인정된 제도"라고 솔직하게 털어 놓은 것도 있다.[24] 따라서 이것은 사회의 관행 및 이에 대한 일반인의 법적 확신에 기하여 인정된 것이 아니고 어디까지나 실제적 필요성에 기하여 법관의 법형성을 통하여 인정된 것이고 이런 점에서 이를 "관습"에 의한 법정지상권이라고 하는 것은 적절하지 않다고 비판하는 견해도 있다.[25]

(3) 小 結

법정지상권이 인정되는 경우는 민법과 특별법에 규정되어 있는 부득이한 경우에 한정되어야 한다. 소위 관습법상의 법정지상권이 판례에 의하여 인정된 것은 법지식이 미약하였던 과거시대의 과잉 사법서비스라고 할 것이다. 이 제도에 의하여 이해관계의 충돌이 당사자들 모두에게 아무런 피해 없이 해결된다면 모르겠지만 어느 한 쪽의 희생을 기초로 하여 타방 당사자에게 지나친 친절을 베푸는 것은 형평성에 어긋난다고 아니할 수 없다. 경우를 나누어 살펴본다.

토지 및 건물의 소유자가 건물만을 양도한 경우에는 그 양도인은 당연히 건물의 존속을 전제로 하여 매도한 것이므로 건물양도인은 양수인에게 건물사용을 위한 토지사용권을 인정하는 것이 통상의 예이다. 이러한 경우 양도인이 토지의 소유권을 근거로 하여 건물의 철거를 주장한다면 스스로 모순되는 행위를 하는 것이므로 신의칙 위반행위로서 법원은 이에 협조할 필요가 없다.

---

23) 이영준, 물권법, 신정판(2001), 박영사, 634면.

24) 대판 68.8.30. 68다1029

25) 김증한 · 김학동, 앞의 책, 392면.

따라서 이 경우에 굳이 건물양수인에게 법정지상권을 인정하지 않아도 된다.[26)]

반대로 토지만을 양도하는 경우에는 토지의 양도대금을 양 당사자가 정할 때 양도인과 양수인이 건물의 유지를 전제로 가격을 정하는가 아니면 건물의 철거를 전제로 가격을 정하는가에 따라 토지양도대금이 달라질 것이다. 전자라면 토지의 가격은 낮아질 것이고 이때에는 토지양수인이 건물의 철거를 구하지 못한다고 보아야 한다. 이 경우에는 양 당사자 사이에 토지의 임대차에 대한 묵시적 합의가 있었다고 보는 것이 타당하다. 후자의 경우에는 건물소유자가 토지양수인의 건물철거청구에 대하여 이의를 제기할 수 없는 것이 당연하다. 따라서 어느 경우에도 건물소유자에게 법정지상권을 인정할 필요가 없다.

따라서 건물 및 토지의 소유자가 매매 · 증여 기타 법률행위에 의하여 건물만을 처분하거나 토지만을 처분하는 경우 건물의 존속이 전제되는 경우에는 묵시적인 토지임대차계약이 있는 것으로 다루면 되고 그렇지 않은 경우에는 당연히 건물의 철거를 인용하여야 하므로 별도로 법정지상권을 인정할 필요는 없는 것이다.[27)]

그러면 강제경매나 공매 기타 법률행위에 의하지 않은 원인에 의하여 토지와 건물의 소유자가 서로 달라지는 경우에는 어떠한가? 이에 대하여 대부분의 저술에서는 법정지상권의 성립을 긍정하는 견해를 보이고 있다. 즉 이러한 경우에는 당사자가 토지의 이용관계에 대하여 합의를 할 기회가 없거나 제공되지 않기 때문이라고 한다.[28)] 그러나 이런 때에도 경우를 나누어 살펴볼 수 있다. 건물만의 강제경매나 공매의 경우에는 그 경락대금이 매우 낮아지는 것이 현실이지만, 이 경우에는 토지소유자로서는 건물

26) 위의 책, 393면.

27) 위의 책, 393면.

28) 위의 책, 392면; 고상용, 앞의 책, 458면; 이영준, 앞의 책, 635-636면.

의 철거를 주장할 수 없다고 하여야 한다. 건물이 강제경매나 공매에 들어가게 된 원인의 제공자로서 그 원인을 부정하여 건물의 철거를 주장하는 것은 허용되지 않는다고 하여야 한다. 이 경우 토지소유자에게는 건물을 위한 토지사용권에 대한 양해가 있었다고 보아야 할 것이며 따라서 건물의 경락인에게 별도의 법정지상권을 인정할 필요는 없다고 생각한다. 반대로 토지만이 강제경매나 공매에 들어가는 경우 이 절차가 건물의 존속을 전제로 이루어지는 것인지에 따라 경락가가 달라진다. 따라서 건물의 존속을 전제로 이 절차가 진행된다면 당연히 경락인은 건물의 철거를 주장할 수 없으며, 반대로 철거를 전제로 이루어지는 절차라면 건물소유자가 그 철거의 청구에 응하여야 한다.[29] 그러므로 강제경매나 공매의 경우에도 관습법상의 법정지상권을 따로 인정할 필요가 없는 것이다. 이러한 절차에 있어서 부동산의 가격을 감정인에게 평가하게 하는데(민사소송법 제615조; 2002년 7월1일부터는 민사집행법 제97조) 감정인이 부동산 가격을 평가할 때 이러한 요소들이 고려의 대상이 되기 때문에 이를 이중으로 고려할 필요가 없는 것이다.[30]

관습법상의 법정지상권의 근거에 대하여 살펴본다. 우리 나라의 관습을 실제로 자세히 조사한 바가 광복 후에는 없다. 따라서

---

29) 실제 경매에 있어서 지상에 건물이 있는 경우 토지만을 대상으로 경매하는 경우 감정가격이 나대지에 비교하여 크게 낮아진다. 그러고도 대개의 경우 유찰이 몇 차례 이루어진 후 경락되는 것이 현실이다. 공매에 있어서도 최저입찰가를 정할 때 이를 평가하여 가격을 정한다고 한다.

30) 보다 근본적으로 이 문제를 해결하기 위해서는 강제경매든 공매든 그 지상에 건물이 있는 경우 그 건물과 토지를 함께 경매하도록 하여야 할 것이다. 즉 토지를 목적으로 저당권을 설정한 후 그 설정자가 그 토지에 건물을 축조한 경우뿐만 아니라, 토지와 건물의 소유권자가 같은 경우 그 어느 하나에 대하여 저당권을 설정한 경우라면 민법 제365조를 유추해석하여 언제나 토지와 건물을 함께 경매하도록 하는 것이, 우리 민법이 토지와 건물을 별개의 부동산으로 하는 데서 생기는 토지이용관계의 충돌을 발본색원적으로 해결하는 방책이 될 것이다(지금의 규정으로는 민법 제365조에 해당하는 경우에도 토지만을 경매 청구할 수 있다고 해석한다; 곽윤직, 앞의 책, 473면).

일반사회의 법적 확신에 기한 관습을 이러한 관습법상의 법정지상권의 근거로 드는 것은 타당하지 않으며 오히려 법관에 의한 법창조 내지는 법형성이라고 보는 견해가 타당하다. 즉 사회경제적 이유로 일단 건축된 건물을 유지하기 위하여 법원에서 인정한 것이라고 보아야 한다. 따라서 그 타당성의 근원에 문제가 있으며 단순히 관습을 핑계로 문제점을 회피하는 것은 적절한 해결책이 아니다.

3. 改正案의 問題點

(1) 改正案 제279조의2〔지상권의 설정〕

동일한 소유자에게 속하는 토지와 그 지상건물이 그 소유자를 달리하게 되는 때에는 그 건물소유자를 위하여 존속기간을 정하지 아니한 지상권설정계약이 체결된 것으로 추정한다.

(2) 改正案의 解釋

판례이론상 인정되던 관습법상의 법정지상권의 성립요건과 효과를 수정한 것이다. 이 규정의 신설 취지에 대하여 관습법상 법정지상권을 명문화함에 있어서 등기 없는 법정지상권의 인정을 최소화하고 당사자가 등기를 함으로써 공시방법을 갖추도록 유도하는 방향으로 하였다고 한다.[31] 즉 개정안에서는 종래 판례에 의하여 인정되어온 관습법상의 법정지상권이 인정되는 경우에 지상권설정계약이 체결된 것으로 추정되는 효과만을 부여하려는 것이라고 한다.[32] 당사자가 그 추정된 지상권설정계약에 기해 지상권설정등기를 하면 물권적 효력을 인정받게 되고 지상권설정등기 전에는 당사자 사이에서 채권적 효력을 갖게 한다고 한다. 즉 등

---

31) 이은영, 민법(재산편)개정 공청회 자료, 법무부, 93면.

32) 위의 글, 93면.

기가 없는 경우에는 당사자 사이에서만 토지의 이용계약의 존재를 주장할 수 있고, 제3자에 대한 관계에서 지상권의 효력을 주장할 수는 없다고 한다. 따라서 등기 이전에 트지소유권이 제3자에게 양도된 경우에는 건물소유자는 그 지상권설정계약의 효력을 주장할 수 없다고 한다.[33] 이 때 토지소유자 쪽에서 그 추정을 깨드릴 수 있는 약정이나 사실관계의 존재를 증명하여 지상권의 설정을 부정할 수 있다고 한다.[34]

(3) 改正案의 問題點

1) 地上權設定原因

개정안에 의하면 동일인에게 속하였던 토지와 건물이 매매 등 어떤 원인으로든 각각 소유자를 달리하게 되면 이 규정의 적용이 있게 된다고 한다. 매매나 증여의 경우 이러한 지상권설정계약의 의사를 추정할 여지가 있으나, 법률행위가 아닌 다른 경우, 즉 강제경매, 공매 등의 경우에는 당사자의 의사로 인정할 근거가 전혀 없는 경우인데도 당사자의 의사를 추정하는 것은 무리이다.[35] 또는 추정의사로 인정될 수 있는 어떤 행위라도 있어야 하는데 경매 등의 경우 이런 것을 찾을 수 없다. 따라서 민법상 의사를 추정하는 다른 일반적인 경우와도 너무 다르다.

그리고 민법 제366조가 그대로 존재하기 때문에 저당물의 경매

---

33) 위의 글, 93-94면.

34) 토론회에서 이 개정안에 대하여 찬성토론을 한 이동명 판사는 판례에 의하여 인정되어 온 관습법상의 법정지상권을 명문화한 것을 바람직하다고 하였다(동 자료, 130면). 또한 신설규정에 의하면 토지의 소유자가 바뀌면 건물의 소유자는 지상권의 설정을 주장할 수 없으므로 신속하게 지상권설정등기를 하도록 만들므로 등기와 실제가 일치하게 되어 등기의 공시기능을 강화할 수 있다고 한다. 다만 민법 제366조의 규정을 그대로 둠으로써 같은 내용을 갖는 법정지상권의 취득의 절차가 경매의 경우와 그 외의 경우로 이원화된다는 비판을 하였다(동 131면).

35) 동지: 김재형, 민법(재산법)개정공청회 자료, 154면.

의 경우 기존에 인정되는 법정지상권이 이 신설규정에 의하여 이중으로 인정되는 것인지, 아니면 이때에는 민법 제366조만 적용되는 것인지 분명하지 않다. 토론에서 나온 의견은 경매의 경우에는 제366조가 적용되고 나머지 다른 경우에만 이 신설규정이 적용된다는 견해인데[36] 신설규정의 문언상 그것은 분명하지 않으며 그렇게 해석할 근거도 미약하다.[37] 또 다른 의견으로는, 현행 민법의 해석론으로서 토지 소유자와 건물소유자가 분리될 때에 건물 소유자를 위한 토지의 용익관계를 현실화할 수 있는 기회가 논리적으로 존재하는 경우와 그렇지 않은 경우를 구별하여 전자의 경우에는 건물매매의 가격 등 제반사정을 종합하여 당사자의 의사를 합리적으로 해석함으로써 의사 실현 내지 묵시적 계약에 의한 지상권설정계약을 인정할 것이고, 후자의 경우에는 민법 제366조의 '경매'의 개념을 확장해석함으로써 법정지상권에 흡수시키는 것이 바람직하며 이렇게 해석하는 것이 거래의 안전을 위하여 타당하다는 견해를 표명하고 개정안의 규정은 이러한 견해와 맥락을 같이한다고 한다.[38] 이렇게 보는 견해에서는 개정안의 규정은 "토지소유자와 건물소유자가 분리될 때에 건물 소유자를 위한 토지의 용익관계를 현실화할 수 있는 기회가 논리적으로 존재하는 경우" 즉 매매, 증여 등의 법률행위에 의한 경우에 적용하게 되고 "그렇지 않은 경우" 즉 강제경매, 공매 등의 절차에서는

---

36) 위 주 33) 이동명 판사의 견해

37) 강태성, "용익물권에 관한 민법개정방향", 한국민사법학회 2002년 춘계학술대회자료집, 53-54면에서는 민법 제366조는 개정안 제289조의2의 특별규정이 되므로 법리상 문제가 없다고 한다. 이렇게 보는 견해에서는 민법 제366조가 적용되는 경우를 제외한 나머지의 경우에는 모두 개정안 제289조의2가 적용되게 된다. 그러나 민법 제366조는 개정안 제289조의2와 함께 민법 제289조의 예외 규정이 되고 개정안 제289조의2의 특별규정이 되는 것이 아니다. 따라서 그 양자간에 충돌문제가 제기될 수 있는 것이다. 그렇게 때문에 민법 제366조와 개정안 제289조의2 사이에 그 적용범위를 정하는 문제가 남게 되는 것이다.

38) 이영준, 앞의 책, 635-636면.

민법 제366조를 확장해석하여 적용해야 하는 것으로 보게 된다. 즉 후자의 경우에는 개정안의 규정이 적용되지 않는 것이다. 개정안 규정의 명문상 그렇게 해석할 근거는 없다. 즉 개정안 규정을 명시적인 근거 없이 축소적용하고 제366조를 명확한 근거 없이 확장적용하는 것이 되어 부당하다. 또 만약 이렇게 해석하여야 한다면 같은 내용의 지상권이 명확한 기준의 제시도 없이 근거조항을 달리하게 되고 그 성립절차도 서로 달라진다. 즉 전자의 경우에는 일종의 약정지상권이 성립하게 되고 후자의 경우에는 법정지상권이 성립하게 되는 것이다.

2) 地上權設定契約

개정안에 따르면 동일한 소유자에게 속하는 토지와 그 지상건물이 그 소유자를 달리하게 되는 때에는 “지상권설정계약”이 체결된 것으로 추정한다고 하여 일종의 물권의 성립을 목적으로 하는 계약이 성립하는 것으로 추정하고 있다. 이 계약의 법적 성질이 문제된다. 이를 채권계약으로 볼 것인지 아니면 물권계약으로 볼 것인지에 따라 그 논의가 달라진다.[39] 개정위원회에서는 이 계약에 기해 등기를 하여야 지상권이 설정된다고 하는데[40] 이 점은 종래의 판례에서 인정된 관습법상의 법정지상권과는 명백히 다른 점이다. 종전의 판례가 인정한 이 법정지상권은 민법 제187조에 의하여 등기 없이도 물권으로서 보호받는 것인데 반하여 개정안에서는 거래의 안전을 이유로 들면서 등기를 하지 않으면 당사자 사이에서만 효력이 있는 것으로 다루므로 등기가 없는 상태

39) 강태성, 주 36) 52면에서는, ‘지상권설정계약’이 물권행위로서의 지상권설정계약을 의미한다면, 물권행위는 공시방법을 그 구성요소로 한다는 다수설에 의하면 결국 관습법상의 법정지상권을 인정하는 것과 다르지 않다고 한다. ‘지상권설정계약’이 지상권설정계약이나 지상권설정의 물권적 합의를 의미한다면 지상권설정등기가 있어야 지상권이 인정된다고 한다. 민법개정위원회에서는 뒤의 것으로 해석하고 있다고 보고 있다.

40) 이은영, 민법(재산법)개정공청회 자료, 93면.

에서는 일종의 채권적 부동산이용권이라고 할 수 밖에 없다. 이 개정안 규정에 의하면 이 지상권설정계약에 민법 제186조의 법률행위에 의한 물권변동의 규정이 적용되는 것이라고 보아야 할 것이다. 당사자 사이에 지상권 설정을 위한 법률행위는 없었지만, 민법 제186조를 적용하기 위하여 마치 법률행위가 있은 것으로 추정한다는 것이다. 따라서 일종의 약정지상권이 성립하는 것으로 보는 것이다. 이러한 논리의 전개는 순전히 법문상 그렇게 된다는 뜻이다. 따라서 종래의 판례에 의하여 인정되던 관습법상의 법정지상권과는 그 종류를 달리하게 되는 것이다.[41)]

3) 地上權設定契約의 推定 이후의 事情變更

개정안에 의하면 지상권설정계약이 추정된 후 그에 따른 등기를 하기 전에 토지나 건물이 양도되느냐 여부에 따라 토지소유자가 지상권설정계약을 이행할 수 있느냐가 결정된다는 견해가 있다.[42)] 즉 토지와 그 지상건물이 동일인에게 속하다가 각 소유명의가 달라진 후 토지가 제3자에게 양도된 경우에는 건물의 소유자는 토지의 새로운 소유자에게 지상권설정계약의 효력을 주장할 수 없으며 따라서 토지 양도인은 건물의 소유자에게 지상권설정을 해줄 수 없게 된다. 이 점은 과거 판례에서 인정되던 관습법상의 법정지상권의 경우와 확연히 다른 점이다.[43)] 그리고 토지와

41) 거래의 안전을 위하여 공시방법을 채택하기 위한 방법이라고 보인다. 그러나 실제에 있어서 토지 위에 건물이 있는지 여부는 가보면 즉시 알 수 있는 것이며 부동산을 매입하는 경우 현장을 방문하는 것이 통상의 예이므로 건물이 있는데도 토지만을 매수한다든가 또는 반대로 토지의 소유권은 양도인에게 남겨두고 건물만의 소유권을 양수받는다는 일은 쉽게 발생하지 않는다. 따라서 거래행위로 이러한 일이 발생한다는 것은 극히 예외적인 현상이라고 할 것이다.

42) 김재형, 주 34) 153면에서는 지상권설정계약 후 토지가 양도되느냐 혹은 지상건물이 양도되느냐에 따라서 지상권설정계약의 이행가능 여부가 달라지게 되고 이에 따라서 지상건물의 운명도 달라지게 될 것이라고 한다. 그러나 필자의 견해로는 지상권 설정계약 후 토지와 건물 어느 것이 양도되느냐에 상관없이 건물소유자는 지상권을 설정받지 못하게 된다.

그 지상건물이 동일인에게 속하다가 각 소유명의가 달라진 후 건물이 제3자에게 양도된 경우에는 통상적으로는 건물과 함께 지상권을 양도하기로 하는 채권적 계약이 있는 것으로 볼 수 있다 하더라도 건물의 양수인이 건물의 양도인을 대위하여 토지소유자에 대하여 지상권설정등기절차의 이행을 청구할 수는 없다고 본다.[44)]

따라서 토지와 그 지상건물이 동일인에게 속하다가 각 소유명의가 달라진 후 건물 소유자가 지상권의 등기를 갖추기 전에, 토지의 소유권이 제3자에게 이전되거나 또는 건물이 제3자에게 양도된 경우, 그 어느 경우에도 건물소유자는 토지소유자에게 지상권설정등기절차의 이행을 청구할 수 없다.

4) 物權法 體系와의 충돌

부동산소유권을 제한하는 법정지상권과 같은 권리는 소유권을 가진 당사자의 의사에 따른 것이 아니므로 가급적 인정하지 않는 것이 소유권의 본지에 맞는 것이다. 그러나 부득이한 경우에는 소유권을 제한하는 법정지상권이 등장하게 된다. 그것이 바로 민법에 규정되어 있는, 토지와 그 지상의 건둘이 동일소유자에게 속하는 경우에 건물에 대하여만 전세권을 설정한 후 토지소유자가 변경된 때(민법 제305조 제1항)의 법정지상권과, 토지와 그 지상

---

43) 관습법상의 법정지상권이 성립할 당시의 건물소유자가 건물의 소유를 계속하는 한, 대지소유권자는 물론 그 양수인에게도 등기 없이 법정지상권을 주장할 수 있다(대판 71.1.26. 70다2576; 대판 72.7.25. 72다89384.9.11; 대판 84.9.11. 83다카2245).

44) 김재형, 주 34) 153면에서는 토지와 그 지상건물이 동일인에게 속하다가 각 소유명의가 달라진 후 건물이 제3자에게 양도된 경우에는 통상적으로는 건물과 함께 지상권을 양도하기로 하는 채권적 계약이 있는 것으로 볼 수 있으므로 건물의 양수인은 건물의 양도인을 대위하여 토지소유자에 대하여 지상권설정등기절차의 이행을 청구할 수 있을 것이라고 한다. 그러나 채권자대위권의 적용범위를 한정하고자 하는 견해를 취하고 있는 필자로서는 이러한 견해에 찬성할 수 없다. 건물양수인으로서는 자기가 건물을 사용하기 위한 방책을 건물을 양수할 때에 강구하여야 하는 것이고 당사자가 스스로 권리를 찾기 위한 노력을 경주하지 않는데도 이를 사후에 법이 다른 방법을 통하여 보호하는 것은 타당하지 않다.

의 건물이 동일인에게 귀속하는 경우에 어느 한 쪽에만 저당권이 설정된 후 저당권의 실행으로 경매됨으로써 토지와 건물의 소유자가 달라진 때(민법 제366조 제1항)의 법정지상권이다. 그 외에 토지와 그 지상의 건물이 동일소유자에게 속하는 경우에 그 토지 또는 건물에만 가등기담보권 · 양도담보권 또는 매도담보권이 설정된 후 이들 담보권의 실행으로 토지와 건물의 소유자가 다르게 된 때(가등기담보등에관한법률 제10조)의 법정지상권과, 토지와 입목이 동일인에게 속하고 있는 경우에 경매 기타의 사유로 토지와 입목이 각각 다른 소유자에게 속하게 된 때의 법정지상권(입목에관한법률 제6조)이 있다. 이 이외에는 당사자가 스스로의 의사에 의하여 설정하는 지상권만이 토지와 건물의 이용관계를 위하여 토지의 소유권을 제한하는 것이다.

그런데 기존의 판례에 의하여 인정되던 관습법상의 법정지상권은 그 근거나 내용 및 거래의 안전 어느 면에서도 만족한 것이 되지 못했다. 개정안은 이러한 관습법상의 법정지상권을 모델로 하여 제297조의2를 신설한 것 같은데 이 규정에 의하여 인정되는 지상권은 당사자의 실질적인 의사에 기초한 것이 아니므로 법정지상권에 유사하나 그 요건만 충족하면 바로 지상권이 인정되는 것이 아니라 단지 지상권설정계약을 한 것과 같은 지위에 놓이게 되는 것에 불과하다. 따라서 건물 소유자는 그에 따른 등기를 하여야 지상권의 보호를 받을 수 있다. 따라서 법정지상권이 아니면서도 마치 법정지상권과 같은 역할을 하기 위해 태어난 사생아 같은 존재가 된 것이다. 즉, 당사자들 사이의 진정한 의사에 따른 약정지상권도 아니고 그렇다고 등기 없이 성립되는 법정지상권도 아닌 점에서 우리 물권법체계에 맞지 않는 이질물 하나가 존재하게 되는 것이다. 토지소유자와 그 지상의 건물소유자 사이에 그 건물을 유지하기 위한 어떤 합의에 기초한 지상권이 아니란 점에서는 일종의 법정지상권에 가깝지만, 그렇다고 그 자체만으로는 지상권이 인정되는 것이 아니고 그에 상응하는 등기를 갖추어야 지상권이 인정되므로 약정지상권에 가깝다고도 할 수 있는 것이다. 애초에 관습법상의 법정지상권이 존재하게 된 것도 일반의 법지식이 미천한 것에 기인하였던 것이므로 오늘날과 같이 “정보의 바다” 시대에 있어서는 가급적이면 예외적이고 편법적인 규정과 인정은 하지 말아야 할 것이고 따라서 판례에 의하여 인정되던 관습법상의 법정지상권도 이제는 인정하지 말아야 할 것인데 오히려 이에 한 발 더 나아가 일종의 예외적이고 편법적인 형태로 과잉의 보호를 어느 일방당사자에게 부여하는 것은 올바른 태도가 아니라고 할 것이다.

Ⅲ. 結論 - 改善案

가장 좋은 개선안은 개정안에서 이 조항을 삭제하는 것이다. 또한 법원도 관습법상의 법정지상권을 이제는 더 이상 인정하지 않아야 한다. 법원은 친절한 후견인의 역할을 거두어야 할 때인 것이다. 우리 민법이 토지와 건물을 별개의 부동산으로 다루기 때문에 발생하는 문제의 해결은 크게 두 가지로 나누어 대처해야 마땅할 것이다. 첫째, 당사자가 협의에 의하여 건물을 위한 토지사용권 획득을 할 수 있는 경우에는 최대한 당사자에게 맡겨야 한다. 당사자 스스로 그러한 대책을 준비하지 않은 경우에는 법적 보호를 줄 필요가 없다. 둘째, 당사자가 협의를 할 수 없는 경매 기타의 경우에는 건물이 있는 토지의 경우 토지만에 대하여 경매를 청구할 수 있도록 할 것이 아니라, 언제나 강제적으로 건물과 토지를 함께 경매에 넣도록 함으로써 토지와 건물의 사용이 서로 충돌하는 일을 근원적으로 막아야 한다. 따라서 매매나 증여 등에 의하여 토지와 건물의 소유권자가 서로 달라지는 경우에 그 건물을 위한 지상권 또는 임차권의 설정이 없다면 당연히 토지 소유자가 그 건물의 철거를 청구할 수 있고 이 청구는 받아들여져야 한다. 그리고 경매 등에 있어서 지상건축물이 있는 경우 공동담보물이 아니더라도 함께 경매에 넣도록 하고 경락인이 그 양자의 소유권을 취득하게 하는 것이 원천적인 해결책이다.

따라서 다음과 같이 개정안을 수정할 것을 제안한다.

개정안 제279조의2는 삭제한다.

제365조를 다음과 같이 개정한다.

[저당물에 대한 경매청구권]

건물과 토지 어느 하나에만 저당권을 설정한 경우에도 언제나 양자를 함께 경매 청구하여야 한다. 그러나 저당권이 설정되지 않은 것에 대한 경매대가에 대해서는 우선변제를 받을 권리가 없다.

제366조는 삭제한다.

제 3 부　채권법

제 5 장 瑕疵擔保責任에 관한 一考

[목 차]

* 이 글은 인하대학교 법학연구소 법학연구 제7집(2004.12) 124면-147면에 실려 있음.

Ⅰ. 序

1. 연구의 목적과 범위

우리 민법은 채권 편 계약 장 매매 절에 담보책임에 대하여 규정하고 있다. 그리고 이 담보책임을 유상계약에 준용하고 있다. 물건의 매매계약에 법을 적용하는 순서를 보면, 매매 절을 먼저 적용하고 그 다음에 계약 장 총칙, 다음에 채권 편 총칙을 적용하게 된다. 따라서 매도인의 담보책임규정이 계약 장의 해제규정이나 채권 편 총칙의 채무불이행 규정보다 우선적으로 적용되는 것이다. 즉 법적용순서로 본다면 매도인의 담보책임 규정은 채무불이행규정에 우선되는 특별규정이라고 볼 수 있는 셈이다. 반대로 말하면 매도인의 담보책임 규정에서 말하고 있지 않은 것은 일반 규정에 따라서 처리해야 하는 것이라고 볼 수 있다. 논리적으로만 본다면 매도인의 담보책임에 관한 규정이 그 책임원인이나 효과를 일반규정과 다르게 구성하고 있다 하더라도 충돌이 되는 것이 아니라 일반규정에 앞서서 특별규정이 적용되는 것으로 보면 그만이다. 그러나 특별규정이 구체적으로 명시하고 있지 않은 사항에 대하여는 일반규정이 보충하는 것도 논리상 당연한 일이다. 이렇게 해서 법적인 문제가 원만하게 해결된다면 좋겠지만 매도인의 담보책임에 대해서는 그 요건과 효과에 있어서 많은 문제가 제기되고 있다. 이 글에서는 매도인의 담보책임 전체를 다루는 것이 아니라 그 중에서도 물건의 매도인의 담보책임, 즉 하자담보책임만을 다루고자 한다.

2. 담보책임의 연혁

담보책임이란 매매를 비롯한 유상계약 기타 이와 동일시할 수 있는 법률관계에서 권리에 흠결이 있거나 또는 권리의 객체인 물건에 하자가 있는 경우 매도인 등이 부담하게 되는 책임을 말한다.[2] 다시 말하면 권리의 하자나 권리의 객체인 물건의 하자로 인하여 매도인을 비롯한 채무자 등이 대금을 감액 당하거나 손해를 배상하거나 완전한 물건을 급부하거나 계약을 해제당하여야 하는 법적 지위가 담보책임이다.

유상계약 이외에 증여(559조), 공유물분할(279조), 공동상속재산분할(1016조-1018조)의 법률관계에서도 담보책임이 인정되지만 이 경우들에는 실질적으로는 일종의 유상계약과 유사한 대가의 동등성이 문제되고 있다. 따라서 담보책임은 유상계약에 인정되는 특유성을 갖고 있다고 할 수 있다.

매수인의 처지에서 매매계약의 권리자로서 누릴 수 있는 것들을 찾아보면, 계약의 성립이 이루어지지 않은 경우 체약상의 과실책임을, 계약이 이루어진 후 불이행의 경우 이행지체책임, 이행불능책임을 들 수 있다. 그런데 그 계약의 목적에 하자가 있는 경우에는 담보책임을 물을 수도 있다. 그렇다면 매수인에게 이러한 권리를 인정하는 이유는 무엇일까? 위에 언급된 것들로는 매수인이 충분히 보호되지 못하는 것일까?

로마법에서도 담보책임이 매매계약 자체의 효력으로 관념되고 매도인의 의무로 파악된 것은 追奪擔保責任의 경우 買受人訴權(actio empti)[3], 하자담보책임의 경우 按察官訴權이 인정되면서부터라고 한다.[4][5] 유스티니아누스 帝때 매수인의 담보소권은 매수인

---

2) 민법주해 XIV (남효순) 186면.

3) 추탈담보책임은 追奪擔保訴權(actio auctoritatis), 問答契約訴權(actio ex stipulatu), 買受人訴權(actio empti)의 세 유형이 있었는데 유스티니아누스 帝에 이르러 買受人訴權(actio empti)으로 일원화되었다. 따라서 매수인은 매매계약의 효력만으로 추탈로 인하여 입은 모든 손해의 배상을 청구할 수 있게 되었는데 이것이 바로 買受人訴權이다(위 책 188-190면).

4) 시민법 상 하자담보책임은 土地面積訴權(actio de modo agri), 問答契約訴權(actio ex stipulatu), 買受人訴權(actio empti) 등 세 가지가 있었다. 그 중 매

소권으로 일원화되었다. 그 내용은 매도인이 악의인 경우에는 매수인은 매도인의 악의를 입증하여 모든 손해의 배상을 청구할 수 있었고 매도인이 선의인 경우에는 매수인은 해제소권과 대금감액소권을 행사할 수 있었다.[6)]

독일민법의 경우 2002년 개정 전까지는 로마법의 전통을 이어받았다. 즉, 권리의 하자로 인한 담보책임은, 매도인에게 하자가 없는 완전한 권리를 매수인에게 이전할 의무를 명백히 하고(구 독일민법 제434조) 이러한 의무의 불이행으로 인한 책임으로 규정하고 있으므로(구 독일민법 제440조) 채무불이행책임의 본질을 갖는 것으로 규정한 셈이다. 다만 매수인이 권리의 하자를 안 경우에는 매도인의 책임이 발생하지 않는다(구 독일민법 제439조 제1항). 그러나 저당권, 토지채무, 정기토지채무, 선박저당권 또는 질권의 경우에는 악의의 매수인에 대하여서도 하자제거의무를 부담한다.(구 독일민법 제439조 제2항) 물건의 하자로 인한 매도인의 담보책임에 대하여는 제459조에서 제493조에까지 규정하고 있다. 하자담보책임 중 특정물의 매매에서의 하자담보책임의 법적 성질에 대해서는 학설이 대립해왔다.[7)] 하자담보책임의 내용으로서는 계약해제권과 대금감액청구권이 인정된다(구 독일민법 제462조). 또한

도인이 하자가 없다고 언명하였으나 하자가 있거나 또는 하자를 숨긴 경우 매수인이 손해배상을 청구할 수 있었는데 이를 買受人訴權이라고 했다. 또한 하자담보책임은 按察官訴權의 형태로도 형성되었는데 按察官告示(edictum aedilium circulium)에 의하여 매도인에게 하자고지의무가 인정되었다. 이 때 매수인에게 인정된 소권은 목적물과 매매대금의 반환을 내용으로 하는 解除訴權(actio redhbitoria)과 대금감액을 목적으로 하는 減額訴權(actio aestimatoria)이다. 오늘날 프랑스, 독일, 오스트리아, 스위스 등의 민법에서 하자담보책임의 내용의 전형으로 인정되고 있는 해제권과 대금감액청구권은 바로 여기에 기원을 두고 있다고 한다(위 책 190-193면). 유스티니아누스 帝에 이르러 按察官訴權이 모든 종류의 매매에 확장되어 일반화되었다.

5) 위 책 188면.

6) 위 책 193면.

7) 김대정, 매도인의 담보책임에 관한 연구, 성균관대학교 박사학위논문 1990, 65-79면 참조.

물건이 매매 당시에 이미 매수인이 보증한 성질을 결하고 있거나(구 독일민법 제463조, 제480조 제2항) 매도인이 하자를 악의로 묵비한 경우(구 독일민법 제463조, 제480조 제2항) 계약해제와 대금감액 대신에 손해배상을 청구할 수 있다. 따라서 계약해제권이나 대금감액청구권의 경우와는 달리 손해배상청구권의 경우에는 매도인의 보증 내지는 악의를 요구함으로써 과실책임의 원칙을 관철시킨 셈이다.

그러나 2002년 민법의 개정으로 하자담보책임을 일종의 채무불이행으로 보고 일반급부장애법에 포섭시키고 있다.[8] 매도인은 하자 없는 물건이나 권리를 이전해야 할 의무를 지기 때문에(독일민법 제433조 제1항 제2문) 하자 있는 목적물을 급부한 경우 일종의 급부장애에 해당된다. 따라서 매수인의 청구권은 일반급부장애에서 발생하는 것이 되고 하자담보법상의 매수인의 권리로는 하자 없는 급부이행청구권(제433조 제1항 제2문)의 변형된 형태인 추완이행청구권(제439조)과 제441조에 규정된 대금감액권만이다.[9] 추완이행의 방법에는 하자보수와 대체이행의 두 가지가 있는데 원칙적으로 매수인에게 선택권이 있다. 하자가 있고 추완이행이 불가능한 경우에는 매수인이 이 둘 중의 하나에 대하여 책임이 있거나 또는 둘 중 하나가 채권자지체 중에 발생한 경우에는 계약해제권이 배제된다(제323조 제6항). 대금감액권은 형성권의 성질을 갖는다고 한다.[10] 매도인이 하자 있는 급부를 한 경우 질적 이행불능 또는 질적 이행지체의 형태로 의무위반에 해당되므로 손해배상청구권을 행사할 수 있다(제437조 제3호). 매도인이 하자 있는 물건을 인도함으로써 매매목적물 이외의 매수인의 다른 법익이나

8) 임건면, "개정 독일하자담보법상의 매수인의 권리", 비교사법 제10권 3호(통권 22호), 185면 이하 참조. 안법영, "개정 독일 매매법의 개관", 독일 채권법의 현대화(김형배 외 5인 공저), 법문사, 2003년, 69면 이하 참조.

9) 임건면, 위 글, 187면.

10) 안법영, 위 글, 82면.

권리를 침해한 경우 매수인은 급부 이외에 손해배상을 청구할 수 있다.[11] 손해배상청구권만 매도인의 과책을 요건으로 하며, 추완이행청구권, 계약해제권 및 대금감액권은 매도인의 과책 여부와 상관없이 인정되는 매수인의 권리이다.[12]

프랑스민법은 매도인의 담보책임을 추탈담보책임(프랑스민법 제1626조-제1640조)과 하자담보책임(프랑스민법 제1641조-제1649조)으로 나누어 규정하고 있다.[13] 그 외에 채권과 무체재산권이 매매의 목적인 경우에는 따로 담보책임을 규정하고 있다. 추탈담보책임의 내용으로서 전부추탈의 경우 대금반환, 과실가액의 반환, 비용, 손해배상 등을 규정하고 추탈이 부분적인 경우에는 계약해제권을 인정하고 있는데 매수인이 계약해제의 요건을 갖추지 못하거나 해제를 원하지 않는 경우에는 손해배상만을 청구할 수 있다. 하자담보책임의 내용으로는 매수인에게 해제소권과 대금감액소권을 주고 있다. 그런데 해제의 효과에 대하여 특별한 규정을 두고 있지 않아 해제의 일반적 효과에 따르게 되어 손해배상도 인정된다.[14]

스위스채무법은 동산매매에 관하여 매도인에게 매수인이 권리의 전부 또는 일부를 추탈되지 않도록 할 담보의무를 부과함으로써 추탈담보책임을 규정하고 매매목적물에 대하여 하자담보책임을 규정하고 있다. 하자가 존재한다는 것을 매도인이 모른 경우에도 하자담보책임을 지므로 일종의 무과실책임이다. 매수인이 하자를 알았거나 과실로 하자를 알지 못한 경우에는 담보책임을 매도인이 지지 않는다. 또 매수인에게 검사의무와 통지의무를 규정하고 있다. 따라서 매수인의 이러한 의무 이행이 매도인의 담

11) 임건면, 위 글, 197면.

12) 위 글, 209면.

13) 민법주해 XIV (남효순) 197-205면 참조.

14) 남효순, "프랑스민법에서의 매도인의 담보책임(I)(II)", 법학 제34권 제1호, 제2호 참조.

보책임을 묻기 위한 요건이다. 하자담보책임의 내용으로서는 계약해제권과 대금감액청구권이 인정되고 소송비용 및 하자로 인하여 직접 발생한 손해의 배상 청구권이 인정된다.

Ⅱ. 하자담보책임의 본질

1. 하자담보책임론의 의의

하자담보책임의 본질이 무엇인가에 대하여는 논의가 오랫동안 지속되어 왔다. 독일에서는 오로지 특정물의 하자담보책임의 본질에 대하여만 논란이 있고 권리의 하자에 대한 담보책임의 본질은 채무불이행책임이라는 데 의견이 일치되어 있다. 우리의 경우 구민법에서 특정물매매의 경우에만 하자담보책임을 규정하고 종류물매매에는 규율하지 않았다. 이에 따라 특정물매매의 경우에만 인정되는 하자담보책임의 본질이 무엇인지에 대한 논의가 있었고 종류물매매에도 인정할 것인가가 본질론의 중요한 내용이었다. 현행민법은 제581조에서 종류물매매에도 하자담보책임이 성립함을 규정하였다. 이에 따라 하자담보책임의 본질에 대하여 채무불이행책임으로 구성하는 새로운 논의가 이루어졌다. 담보책임을 규율하는 개별규정들 사이에 담보책임의 성립요건과 담보책임의 효과 그리고 권리행사기간에 있어서 많은 차이가 있는데 이러한 차이를 극복하여 담보책임 전반에 걸친 통일된 체계를 구성할 필요가 본질론의 의의 내지는 실익이라고 한다.[15] 이에 대하여는 비판이 있다. 매도인의 하자담보책임에 있어서 중요한 것은 그 성질이 아니고 어떤 요건 아래에서 매도인에게 어떤 책임을 물을 수 있는가 하는 하자담보책임의 내용이라는 것이다.[16] 그런데 종

15) 민법주해 XIV (남효순) 218면.

16) 서광민, “매도인의 하자담보책임－민법규정상의 문제점과 해석론적 해결

래의 논의는 하자담보책임의 성질을 규명하는 데에 치우쳐 제580조와 제581조의 적용한계 내지는 적용범위를 분명히 하는 데 소홀하였다고 비판한다. 따라서 실질적인 책임효과를 결정하는 법 기능적 의미는 상실하고 있다고 한다.[17] 이에 대하여 종래의 논의가 전혀 의미 없는 허상의 논의가 아니라 담보책임 상의 손해배상으로서 이행이익의 배상을 인정할 것인가의 문제에 집중해 있었지만 담보책임의 본질을 규명하고 이를 기초로 담보책임법과 일반의 채무불이행법과의 관계가 구축된 바탕 위에서 비로소 실천적인 운용도 모색될 수 있을 것이라고 한다.[18] 즉 담보책임에 관한 민법상의 규정들이 채무불이행책임에서는 찾아볼 수 없는 많은 특징들을 갖고 있는데 이러한 특징들을 채무불이행책임과 비교하여 어떻게 이해하고 그 결과 담보책임을 어떻게 이론 구성할 것인가에 대한 논의가 본질론의 주된 내용이라고 한다. 결국 담보책임의 본질론은 채무불이행과의 관계를 규명하는 데에 그 핵심이 있다고 한다. 이러한 논의에 있어서 중심되는 문제를 살펴보면, 첫째, 매도인은 "하자 없는 물건의 급부의무"를 부담하는가? 둘째, 매도인이 그런 의무를 부담한다고 하더라도 담보책임이 성립하려면 매도인에게 귀책사유가 있어야 하는가? 셋째, 매도인의 담보책임의 내용으로 민법에 규정하지 않은 것도 인정할 수 있는가? 넷째 매도인의 손해배상책임의 범위는 어디까지인가? 마지막으로 채무불이행책임과 경합하여 인정할 수 있는가? 결국 민법 전반에 걸친 채무불이행의 책임체계를 어떻게 구성할 것인가라는 문제로 귀착된다. 이해가 서로 대립하는 매도인과 매수인의 지위를 어떻게 설정할 것인가라는 문제인 셈이다.

방식－", 민사법학 제12-13호(1995), 171면."

17) 안법영,"매매목적물의 하자로 인한 손해배상－후속손해의 배상과 책임귀속의 규준을 중심으로－", 민사법학 제12-13호(1995), 213면.

18) 민법주해 XIV (남효순) 219면.

2. 법정책임설

이 학설은 매도인에게 "하자 없는 물건의 급부의무"를 인정하지 않는다. 즉 매도인은 "하자 있는 물건을 있는 상태대로 인도할 의무"를 부담할 뿐이고 물건을 하자 있는 상태로 급부하면 그 자체로 "채무를 완전히 이행"한 것이 된다. 채무를 이행하였음에도 불구하고 매도인이 하자에 대하여 지는 책임이 담보책임이므로 이는 채무불이행책임일 수가 없고 따라서 법이 특별히 인정한 책임, 즉 법정책임일 수밖에 없다. 이러한 책임을 인정하는 이유는 매매계약을 비롯한 유상계약에서 '하자 있는 급부'가 있으면 매도인의 급부와 매수인의 반대급부 사이에 등가적 균형관계가 깨어지므로 이를 시정하여 매수인을 보호하려는 것이 바로 담보책임이라고 한다.

이 학설은 특정물 도그마와 원시적 일부불능이론과 연결되어 그 논리의 완결성을 자랑해왔다. 즉, 민법 제462조의 특정물 현상인도의무를 기초로 매도인은 이행기의 현상대로 그 물건을 인도하여야 하므로 이행기에 하자가 있더라도 그 현상 그대로 즉 하자가 있는 상태 그대로 인도하는 것으로 매도인은 이행을 다한 것이 된다고 한다. 따라서 매도인은 '하자 없는 물건을 급부할 의무'가 없고 '하자 있는 물건을 인도할 의무'만을 부담한다고 한다. 그리고 그 하자가 있는 것은 그 부분에 대하여 원시적 일부불능이 있는 것이고 그에 대하여 그 계약이 일부 무효가 되고 그에 대하여 신뢰이익의 배상책임을 지는 것이 바로 하자담보책임이라고 본다. 즉 매도인은 매매가 원시적 하자가 없는 물건에 대하여 성립하였으리라고 믿은 이익의 손해를 배상함으로써 족하다고 보는 것이다. 결국 원시적 하자가 있으면 계약이 일부 무효가 되고 채권자가 계약의 유효를 믿었음으로 인하여 입은 손해의 배상, 즉 소극적 계약이익인 신뢰이익의 배상만을 인정하는 것이고 담보책임이 이에 해당한다고 한다.[19] 이 점에서 담보책임은 원시적 불능에 대한 책임이라고 볼 것이다.[20]

그렇지만 특정물도그마 내지는 원시적 불능론은 매매의 목적물이 종류물인 경우 그대로 적용하기 어렵다.[21] 그러나 종류물이 특정되면 그 순간부터 특정물로 전환되므로 여전히 특정물도그마가 성립한다고 보는 견해도 있다.[22]

3. 채무불이행책임설

우리 민법이 일본민법과는 달리 종류물에 대하여도 담보책임을 인정하고 있으므로 하자담보책임을 법정책임으로 구성하는 데 한계가 있다고 보고 담보책임 전반을 채무불이행책임으로 구성하려는 견해이다. 이 학설은 주장하는 이에 따라 그 내용이 서로 다르다. 다만 담보책임이 매도인의 급부의무의 불이행으로 인한 채무불이행책임이라고 보는 데에는 일치하고 있다. 즉, 매도인은 매수인에 대하여 하자 없는 완전한 목적물을 인도할 의무를 부담한

19) 법정책임설 중에서 그 근거를 달리 설명하는 견해도 있다. 즉 이 견해는 담보책임은 매도인에게 과실이 없는 경우에도 거래의 신용과 형평을 위하여 마련한 무과실책임이므로 신뢰이익의 배상을 그 범위로 하는 것이 타당하다고 한다(이태재, 채권각론(진명문화사, 1985), 176면). 또 전통적인 논리에 따르지 않으면서 법정책임설을 주장하는 견해도 있다. 이 견해는 매도인에게 귀책사유가 있더라도 매매대금의 감액을 받거나 계약비용의 손해를 받기 위해서는 민법 제580조와 제581조가 적용될 뿐이므로 이러한 의미에서 매도인의 귀책사유의 유무를 불문하고 우선 적용되는 특별규정이라고 설명함으로써 법정책임설을 내세우고 있다(서광민, 위 주9, 182-189면).

20) 김기선, 한국채권법각론(법문사, 1968), 133면; 김증한, 채권법각론(박영사, 1988), 147면; 김현태, 신고채권법각론(일조각, 1975) 117면; 김석우, 채권법각론(박영사, 1978), 182-183면.

21) 따라서 목적물의 종류에 따라 이원적 구조를 취하게 된다. 그래서 종류물매매의 경우 채무불이행책임으로 보는 견해가 있다(서광민, 189면).

22) 이태재, 174면.

다. 따라서 특정물에 대하여 매도인이 부담하는 급부의무를 '있는 그대로의 상태에서의 급부의무'가 아니라 '있어야 할 상태로서의 급부의무'로 파악하고 있다.[23] 따라서 특정물에 하자가 존재하면 매도인은 급부의무를 완전히 이행한 것이 아니고 이에 대하여 채무불이행책임을 진다고 본다. 이 중 다수의 견해는 매도인에게 귀책사유가 없어도 담보책임이 인정되고 이 점에서 일반적인 채무불이행책임과 차이가 있다고 본다. 일부 견해는 손해배상의 경우에만 과실책임으로서 매도인의 귀책사유를 필요로 하고 그 외에 대금감액청구나 계약해제의 경우에는 매도인의 귀책사유가 필요하지 않다고 본다.

이 학설의 근거로서 주장되는 것은 첫째, 민법 제374조에서 매도인은 선량한 관리자로서의 보관의무를 부담하는데 이 의무를 다하지 못하여 후발적 하자가 생긴 때에는 그 불이행으로 인한 채무불이행책임을 지는데 이는 이행기의 현상대로 이행하면 된다는 제462조와 모순되고 따라서 민법 제462조만을 근거로 특정물 도그마를 주장할 수 없다고 한다. 둘째, 민법 제569조에 의하면 타인의 소유물을 매도한 자는 그 소유물을 취득하여 매수인에게 이전해 줄 의무를 부담하는데 권리흠결로 인한 담보책임은 매도인의 소유권이전의무를 이행하지 않은 것을 책임발생요건으로 규정하므로 담보책임은 기본적으로 채무불이행책임으로서의 본질을 갖고 있다고 한다.[24] 셋째, 민법은 '계약의 목적을 달성할 수 없을 때에만 해제를 인정하고 있는데 이에 해당하는 사유로는 대금감액으로는 치유될 수 없는 중대한 하자를 의미하고 따라서 이 해제는 채무불이행으로 인한 해제라는 것이다.

23) 김형배, 채권총론(박영사, 1992), 246-248면; 이은영, 제4판 채권각론(박영사, 2004), 309면

24) 이은영, 309-310면.

4. 학설의 검토

먼저 법정책임설을 살펴본다. 특정물도그마와 원시적 불능 도그마는 우리 민법에서 긍정하기 어려운 논리이다. 매도인이 매수인에 대하여 부담하는 물건의 인도의무는 '물건이 존재하는 사실상의 상태'에서 발생하는 것이 아니라 '물건이 존재하여야 할 상태'로부터 나오는 것이다. 즉 당사자들이 합의한 계약 내용에 따라 그 목적물의 상태가 정해지는 것이고 그 인도의무도 발생하는 것이다. 나아가 종류물의 경우 특정에 의하여 특정물로 전환되므로 특정물이라고 보아 같은 논리를 적용하는 것은 일반의 이해와 너무 다른 기교에 불과하다. 즉 물건이 존재하는 상태 그대로 인도하면 "완전한 이행"이라고 하는 논리는 성립할 수 없다. 매수인이 그 목적물에 대하여 반대급부를 부담하는 이유는 그 목적물이 계약에서 정한 상태라는 전제가 있는 것이다. 따라서 특정물도그마는 성립할 수 없다. 원시적 불능 도그마에서는 하자를 원시적 불능이라고 하지만 이 하자가 모두 불능 사유가 되지는 않는다. 제거할 수 있는 하자도 있으며 제거 불가능한 하자일 경우라고 하여도 그것이 곧 법률적으로 불능이 될 수는 없다. 또한 불능이라고 하더라도 계약이 반드시 무효가 되는 것도 아니다. 즉 원시적 불능의 경우 그 계약 성립 단계에서 계약을 무효로 할 수도 있지만 계약의 유효한 성립을 인정하고 그 불능에 대하여 불이행책임을 물을 수도 있다. 그것은 입법정책의 문제인 것이다. 우리 민법에서는 원시적 불능에 대하여 제535조에서 규정하고 있지만 이 조항 하나가 모든 원시적 불능을 규율한다고 보는 것은 곤란하다. 민법 제569조에서는 타인의 권리 매매를 규정하고 있는데 이것은 일종의 원시적 불능에 해당하는 것이다. 민법은 이러한 계약을 유효한 것으로 다루고 있다. 또 제574조에서는 매매의 목적인 물건의 수량이 부족하거나 그 일부가 멸실한 경우를 규정하고 있는데 불능인 부분을 제외하고 나머지 계약 부분만 성립하는 것으로 다루지 않고 계약 전부에 대하여 유효한 성립을 인정하고 있다. 그러므로 우리 민법의 태도를 살펴보면 원시적 불능이라고 하여 모두 무효가 되는 것도 아닌데 하자가 있는 물건에 대하여 일부 불능과 그에 대한 일부 무효를 주장한다는 것은 논리적으로 타당하지 못하다.

채무불이행설을 살펴보면 논자에 따라 그 근거도 다르고 그 내용도 다르다. 하지만 매도인의 하자담보책임의 본질이 하자 없는 물건의 인도의무를 불이행한 데 대한 채무불이행이라고 보는 점은 같다. 문제는 일반의 채무불이행 규정과의 충돌을 어떻게 해결할 것인가 하는 것이다. 즉 하자담보책임에는 매도인의 귀책사유가 요구되지 않는 점과 효과에 있어서의 특수성에 대하여 체계적인 해결을 하지 않는다면 논리적인 체계를 구성했다고 하기 어렵다. 하자담보책임이 일반 채무불이행책임의 특별한 경우라면 법규정에서 논하고 있지 않은 부분은 채무불이행에 관한 일반 규정들이 그대로 적용되는 것인지 또 해제의 경우 담보책임에서 정하지 않은 나머지들은 계약의 해제에 관한 규정이 적용되는 것인지 등을 명확히 하여야 할 것이다.

Ⅲ. 하자담보책임의 발생요건

1. 하자의 존재

하자담보책임에 있어서 중심개념은 역시 '하자'라고 할 것이다. 그러나 민법은 이에 대하여 아무런 내용을 두고 있지 않다. 독일민법 제459조는 물건의 가치 또는 용도적합성이 소멸하거나 감소된 것을 하자로 보고 보증한 성질이 결여된 경우도 하자로 본다. 이의 해석론으로서는 물건이 약정된 성질을 갖추지 못하거나 물건의 가치 또는 약정된 용도에 대한 적합성이 감소하거나 소멸하는 경우에 하자가 있다고 보는 주관적 하자개념을 주장하는 주관설과, 물건이 통상 갖추었을 것으로 기대되는 성질을 가지지 못한 경우에 하자가 있다고 보는 객관적 하자개념을 주장하는 객관설이 대립하고 있다. 또 보증된 성질이란 물건 자체에 통상적으로 내재되는 성질과는 관련이 없는 것으로서 경제적 수익, 위치, 법률상의 규제에 관한 것을 말한다. 프랑스민법은 하자를 용도부적합성으로 규정하고 보증된 성질에 대하여는 규정하고 있지 않다. 프랑스의 통설은 하자에 대하여 객관적인 개념임과 동시에 주관적인 개념이라고 한다.[25] 따라서 매수인이 특별히 요구하였거나 매도인이 특별히 보증한 요소를 결한 경우에도 하자가 존재하는 것으로 본다.

매도인의 하자담보책임에 있어서 목적물에 존재하는 하자의 개념을 생각할 때 계약을 전제로 하지 않을 수 없다. 또한 일반 사회에서 통상적으로 그 목적물에 대하여 기대하는 것들을 판단기준으로 삼아야 하는 것도 당연하다. 따라서 하자란 물건이 일반적으로 그 종류의 것으로서 통상 갖출 것으로 기대되는 품질, 기능, 성능, 성상, 내력, 외관, 안전성 등 물건의 교환가치나 사용가치에 영향을 미칠 일체의 요소를 대상으로 판단하여 통상적으로 기대되는 성질을 갖추지 못하면 물건에 하자가 존재한다고 볼 것이다.[26] 또한 당사자들이 계약에서 특별히 약정한 것이나 매도인이 보증한 성질도 그 기준이 되므로 그 기준에 못 미치는 경우 하자가 존재한다고 볼 것이다.[27]

---

25) 남효순, "프랑스민법에서의 매도인의 담보책임(II)", 법학 제34권 제2호, 267면.

26) 민법주해 XIV (남효순) 500-501면.

27) 우리 민법에서는 하자란 개념을 사용하고 있으나 국제물품매매계약에 관한 유엔협약 제35조에서는 물건적합성(conformity)이란 개념을 사용하고 있다. 목적물이 계약에서 정한 수량, 품질, 종류가 아닌 경우에는 물건 부적

민법 제580조는 '하자가 있는 때'라고 규정할 뿐 존재하는 하자의 판단시점에 대하여 구체적으로 명시하지 않고 있다. 독일민법(제459조, 제480조)과 스위스 채무법(제185조 제1항)은 위험이전시로 규정하고 있다. 국제물품매매계약에 관한 유엔협약(제36조)도 원칙적으로 위험이 이전되는 시점을 물건부적합성의 판단시점으로 하고 있다.

법정책임설에서는 원시적 불능론에 따라 계약 성립 당시에 존재하는 하자에 대하여만 하자담보책임을 인정하게 된다(계약성립시설). 따라서 계약 성립 이후에 물건에 발생한 하자는 채무불이행의 문제로 다루게 된다. 위험이전시설에서는 매매목적물에 대한 위험의 이전시기에 하자가 존재하면 하자담보책임이 발생한다고 한다.

계약 성립 후 인도시까지 매도인이 선관주의의무를 다하지 못해 생긴 하자에 대하여 채무불이행책임을 인정할 것인가 아니면 하자담보책임을 인정할 것인가? 또 매도인의 귀책사유 없이 매도인이 보관의무를 이행할 수 없게 된 결과 목적물이 소멸하거나 그로 인하여 발생한 하자로 인하여 물건이 소멸하게 된 경우 일부불능에 의한 위험부담의 문제로 다룰 것인가 아니면 이때에도 하자담보책임으로 다룰 것인가?

위험이전시설에서는 이 두 문제에 대하여 하자담보책임으로 구성해야 할 것이다. 앞의 문제에 대하여 불완전이행책임의 보충적 성격상 하자담보책임만 인정된다고 하는 견해가 있다.[28] 그렇다면 매도인이 선관주의의무를 다하였든 다하지 않았든 매수인은 하자담보책임만을 물을 수 있게 된다. 또 후자의 문제에 대하여 일부멸실의 경우에는 하자담보책임을 우선적으로 적용하고 전부

합성(lack of conformity of goods)이 있는 것으로서 계약위반이 된다(제35조 제1항). 또 통상적인 사용목적에 적합하지 않은 물건도 부적합성이 있다고 본다(제35조 제2항a).

28) 민법주해 VIII, 121면.

멸실의 경우에만 위험부담의 법리를 적용하여 매도인의 채무가 소멸하는 것으로 설명하는 견해도 있다.[29)]

계약성립시설에 따르면 매도인의 과실 없이 발생된 후발적 하자에 대하여 매수인은 매도인에게 아무런 책임을 물을 수 없게 된다. 이에 대하여 원시적 하자는 무과실책임으로 운용하여야 할 사정이 있기 때문이라고 하지만[30)] 그렇다고 하여 매수인이 보호를 받을 수 없다는 것은 매수인의 기대에 어긋난다.

채무불이행책임 일반에 대하여 민법은 과실책임을 인정하는데 보존의무에 대해서만 무과실책임을 인정하는 것은 비합리적이라고 계약성립시설은 위험이전시설을 비판한다. 이 때 하자담보책임을 인정하는 것이 보존의무의 위반에 중점이 있는 것이 아니라 그 결과인 하자에 중점이 있는 것이므로 보존의무에 대하여만 민법상의 과실책임주의를 포기하고 무과실책임을 인정하는 것은 합리적이지 못하다고 비판하는 것은 책임의 원인에 대한 고려가 잘못된 평가라고 본다.

생각건대 위 두 문제에 대하여서도 하자담보책임으로 구성하는 것이 일반의 기대에 어긋남이 없다고 본다.

2. 매도인의 고의 과실

담보책임의 연혁에서 본 바와 같이 하자담보책임의 성립에는 매도인의 귀책사유가 필요 없다고 보는 것이 통설이다. 그렇지만 견해에 따라서는 하자담보책임의 내용에 따라 계약해제의 경우에는 매도인의 귀책사유 여하에 불구하고 인정하지만 손해배상청구권의 경우에는 매도인의 귀책사유가 필요하다고 한다.[31)] 그러나 매도인의 하자담보책임 중에서 손해배상의 경우에만 매도인의 귀

29) 이은영, 314면.

30) 민법주해 XIV (남효순) 504-505면.

31) 김주수, 198면.

책사유를 요구하는 것은 사실상 담보책임을 부정하는 것과 같다는 비판을 받는다.[32] 하자담보책임은 목적물의 하자에 대하여 매도인의 주관적인 사유를 요구하지 않는 제도이다. 이 점에 채무불이행책임에 대한 특수성이 있는 것이다. 따라서 매도인의 귀책사유를 부분적이라도 요구하는 것은 타당하다고 할 수 없다. 그렇지만 매도인에게 귀책사유가 있는 손해에 대하여는 일반의 채무불이행책임이 성립하는 것은 당연하다.

3. 매수인의 선의 무과실

민법 제580조 단서에 의하면 '매수인이 하자 있는 것을 알았거나 과실로 알지 못한 때'에는 매도인의 하자담보책임이 발생하지 않는다. 즉 매수인에게 선의 무과실이 요구된다. 그렇다면 매수인에게 이러한 선의 무과실을 요구하는 근거는 무엇인가? 일반적으로는 매수인이 그러한 하자를 알고 매수하였다면 그를 보호할 필요가 없다고 한다. 매수인이 매매 당시에 하자를 알았다면 이의를 보류하든가 아니면 매매계약을 체결하지 않았어야 하는데 그럼에도 불구하고 매매계약을 하고서는 하자담보책임을 요구하는 것은 신의칙에 반한다고 보는 것이다. 또한 매수인이 보통인의 주의를 하였다면 알 수 있었을 하자를 부주의로 알지 못한 경우에도 민법은 마찬가지로 규정하고 있다. 하자담보책임은 물건의 하자로 인하여 매도인에게 발생하는 책임이다. 매매의 목적물에 하자가 있다면 그 교환가치와 사용가치가 감소하는 것은 물론이다. 따라서 매수인에게 손해가 발생하는 것이다. 이러한 손해 발생의 원인을 알고서도 매매에 나서는 매수인은 법이 그 손해까지 보호할 이유가 없는 것이다. 그렇다면 매수인에게 요구되는 과실은 민법에서 통상 말하는 과실인가? 여기서의 과실은 채무불이행

32) 민법주해 XIV (남효순) 510면.

책임에서 채무자에게 요구되는 과실과 같은 의미일 수는 없다. 즉 매수인이 그 하자를 발생시킨 과실이 아니라 그 하자의 존재를 알지 못한 부주의가 있다는 말이다. 따라서 다른 사항, 손해의 발생에 매수인의 과실이 있다면 채무불이행책임에서 당연히 과실상계가 인정되겠지만 여기서의 과실을 근거로 과실상계할 수는 없는 것이다. 매매 시에 매수인이 목적물을 조사하거나 검사하여야 목적물의 하자를 알 수 있으므로 여기의 주의의무는 매수인의 조사의무, 검사의무를 말한다고 볼 수 있다. 즉 매수인의 과실이란 이러한 조사, 검사를 하지 않은 것을 의미하는 것이다.

그렇다면 매수인이 악의거나 과실이 있는 경우에는 매도인이 언제나 하자담보책임을 부담하지 않는가? 우리 민법에는 규정이 없으나 매도인이 악의인 경우에는 매수인에게 과실이 있더라도 담보책임을 인정하여야 한다는 견해가 있다.[33] 민법 제584조는 매도인이 알고 고지하지 아니한 사실 및 제3자에게 권리를 설정 또는 양도한 행위에 대하여 면책약관의 효력을 인정하지 않고 있다. 또 상법 제69조 제2항에서 매도인이 악의인 경우에는 매수인의 목적물 검사와 하자 통지의무 위반을 문제삼지 않고 있다. 이런 점에 비추어 매수인이 과실로 하자를 알지 못한 경우에 매도인이 악의라면 담보책임을 인정하는 것이 합리적이라고 볼 것이다.

Ⅳ. 하자담보책임의 내용

1. 계약해제권

채무불이행에서 인정하는 계약해제와 비교하여 여기의 해제는 두 가지 차이가 있다. 그 하나는 매도인의 귀책사유가 필요하지 않다는 점과 다른 하나는 계약의 목적 달성 불가능의 경우에만

33) 위 책 518면

인정된다는 점이다. 따라서 일반의 계약해제와 그 법적 성질을 달리 하는지 여부가 논의된다. 법정책임설에서는 양자의 본질이 다르다고 보므로 그 요건, 효과 등에서 차이를 보이게 된다. 반면에 채무불이행설에서는 그 본질이 같다고 보고 여기의 해제는 일반의 해제의 특칙이 된다고 본다.

민법 제580조는 계약의 목적을 달성할 수 없는 때에만 해제를 인정하고 있다. 이것은 되도록이면 매매계약의 존립을 유지하려는 입법자의 의사의 표현이라고 본다.[34] 이러한 민법의 태도는 대금감액권의 행사로 매수인의 보호가 이루어지는 경우에까지 계약의 해제를 인정할 필요는 없다는 점에서 타당하다고 생각한다. 여기서 계약 목적의 달성 불가능이란 것은 매수인이 매매목적물의 하자로 인하여 매수인이 예정했던 바의 사용, 수익, 처분이 불가능한 모든 경우가 해당된다고 할 것이다. 이 해제의 효과에 대하여 민법은 따로 규정하고 있지 않다. 채무불이행설의 견해에 의하면, 여기서 따로 규정하지 않은 사항은 민법의 일반 규정에 따라 해결해야 한다. 따라서 매매계약의 해제로 당사자는 원상회복의 의무가 있다.

2. 손해배상청구권

매수인에게는 하자로 인하여 계약목적을 달성할 수 없는 경우에 해제권과 더불어 손해배상청구권이 인정된다. 계약해제에 이를 정도로 중대한 하자가 아닌 경우에는 해제권은 인정되지 않고 손해배상청구권이 인정된다. 그런데 손해배상의 요건으로서 매도인의 귀책사유를 요구하고 있지 않다. 따라서 하자담보책임의 내용으로서 손해배상의 범위가 문제된다. 즉, 목적물의 하자로 인하여 발생하는 모든 손해의 배상이 그 범위인지 또 매도인에게 악

34) 위 책 523면.

의 등 귀책사유가 있는 경우에 이행이익의 배상을 인정할 것인지 등이 문제된다.

법정책임설을 따르는 견해에서는 담보책임이 무과실책임이므로 손해배상의 범위는 이행이익을 넘지 않는 신뢰이익의 배상으로 한정되어야 한다고 한다.[35] 반면에 채무불이행설에서는 이행이익의 배상을 인정하는 견해가 많다. 또 한편으로는 매도인에게 귀책사유가 있는가의 여부에 따라 신뢰이익 또는 이행이익의 배상을 인정하는 견해도 있다. 하자담보책임법은 매도인의 목적물에 대한 재산권이전과 매수인이 지불하는 대금 사이의 주관적 등가관계가 목적물의 하자로 인하여 파괴되는 경우에 이를 회복시키는 것을 그 규범목적으로 한다고 보는 견해서는, 계약을 해제하지 않는 경우에는 목적물의 교환가치의 감소액 자체에 한하여 손해배상의 청구가 가능하고, 계약을 해제하는 경우에는 매수인이 지출한 계약비용에 한하여 손해배상청구가 가능하다고 한다.[36]

손해의 내용을 나누어보면 등가적 가치의 교환이 파괴된 데에 대한 손해, 계약비용, 그 외에 추가로 발생한 손해 등으로 나누어 볼 수 있다. 이 중에 매매목적물과 매매대금 사이의 등가적 교환가치의 파괴로 인한 손해는 대금감액으로도 가능하다. 추가로 발생한 손해는 이행이익과 이른바 적극적 채권침해로서 논의되는 부분이다. 부가적 손해까지 하자담보책임의 내용으로 파악한다면 매도인의 귀책사유 없이 그 손해배상의 범위가 너무 확대된다. 또 이행이익의 손해는 채무불이행책임의 내용으로 논의하는 것이 그 책임의 비중에 비추어 타당하다. 따라서 여기서의 손해배상은 등가적 교환가치의 파괴로 인한 손해와 계약비용에 그친다고 보아야 할 것이다. 즉 매도인의 귀책사유 없이 하자로 인하여 매수

35) 채무불이행설에서도 일부 견해는 담보책임이 무과실책임임을 이유로 이 견해에 동참하기도 한다.

36) 안법영, "매매목적물의 하자로 인한 손해배상－후속손해의 배상과 책임귀속의 규준을 중심으로－", 민사법학 제12-13호(1995), 204면, 222면.

인에게 발생한 손해의 배상은 이 범위에 그치고 이행이익의 배상은 채무불이행책임이 인정될 때 긍정할 바이다.

3. 대금감액청구권

서구 제국의 민법이 인정하는 대금감액청구권을 우리 민법에서는 매도인의 하자담보책임의 경우에는 명문으로 인정하고 있지는 않다. 따라서 이를 긍정할 것인지에 대한 논의가 있다. 대금감액청구권이 형성권으로서의 성질을 갖기 때문에 당사자 사이에 곤란한 문제가 발생할 것이므로 이를 규율하지 않았다고 볼 수 있다는 견해가 있지만[37] 대금감액청구권을 반드시 형성권으로 구성하지 않아도 되므로 언제나 타당하다고는 보기는 곤란하다. 또 반면에 민법이 규정하는 손해배상의 개념 속에 대금감액청구권의 개념이 숨어 있으므로 우리 민법에서도 이를 인정할 바라고 하는 견해도 있다.[38]

민법이 명문으로 따로 규정하지 않은 이상 대금감액청구권을 하자담보책임의 내용으로 별도로 인정할 것은 아니다. 대금감액청구권이 손해배상의 개념 속에 숨어 있다고 보더라도 그것은 손해배상의 내용으로서 청구할 것이지 따로 대금감액청구권을 인정한 것이라고 볼 것은 아니다.

4. 수령거절권

하자 있는 물건을 매도인이 이행제공하는 경우에 매수인은 이의 수령을 거절할 권리가 있는가? 법정책임설에서는 이를 부정하지만 그 하자가 계약의 목적을 달성할 수 없을 정도로 중대한 것

---

37) 민법주해 XIV (남효순) 534면.

38) 김대정, "채무불이행책임설에 의한 하자담보책임의 재구성", 민사법학 15호(97.4), 298-299면.

인 경우 이를 수령한 후 계약해제를 하는 것보다는 처음부터 이를 수령 거절할 수 있다고 하는 것이 합리적이다. 즉 이러한 경우에는 이행의 제공이라고 할 수가 없다. 반면에 이 정도에 이르지 않는 하자의 경우에는 수령을 거절하는 것은 부정된다. 즉 계약의 목적을 달성할 수 없는 경우에 한하여 수령거절권을 인정하는 것이 타당하다.

5. 하자보수청구권

매수인에게 하자의 보수청구권이 인정되는가? 법정책임설은 이를 부정한다. 채무불이행설에서는 견해가 나뉘고 있다. 긍정설에서는 불완전이행의 일반적 효과로서 인정되는 추완청구권에 근거를 두고 있다. 하자보수청구권이 추완청구권의 일종인가? 하자보수가 인정되지 않는 추완청구란 부수적인 물건의 인도나 수량청구 등만을 의미하게 되어 사실상 그 의미를 상실한다고 한다.[39)] 그리고 추완청구란 원래 채권자가 가지고 있던 급부청구권으로부터 발생하는 것이라고 한다. 또 하자보수는 손해배상의 청구가 아니라 그것과는 별개의 것으로서 불완전이행의 효과, 즉 추완청구로 해석할 수 있다고 한다.

이러한 해석은 하자담보책임의 내용으로서 하자보수청구권을 인정할 것인가라는 문제에서 불완전이행의 문제로 전이되는 느낌을 준다. 물론 불완전이행에 해당하는 경우에 추완청구권이 인정되는 것은 별론이다. 불완전이행에 해당할 정도는 아니지만 하자로 인하여 완전한 만족을 매수인이 얻지 못하는 경우 매도인이 필요 이상의 노력과 비용을 들임이 없이 하자를 보수할 수 있다면 하자담보책임의 다른 내용인 계약 해제나 손해배상으로 가지 않고도 양 당사자가 모두 만족할 수 있다. 그렇다면 매수인이 갖고 있

---

39) 민법주해 XIV (남효순) 538면.

는 급부청구권이 계약목적에 맞는 목적물의 인도를 요구한다는 점에서 하자보수청구권을 찾는 것이 타당하지 않을까 생각한다.

V. 맺는 말

올해 초에 국제물품매매계약에 관한 유엔협약(UN Convention on Contracts for the International Sale of Goods)에 우리 나라가 가입하였다. 따라서 내년 초엔 이 협약이 우리 나라에서도 실정법으로서 그 효력을 발하게 된다. 비록 그 협약이 국제대매계약만을 그 대상으로 하지만 이 협약에서 정하고 있는 바는 우리 민법의 개정에 시사하는 바가 크다. 물건의 매매계약에서 당사자들이 원하는 바를 연혁과 법논리에 상관없이 실제적으로 해결하고 있기 때문이다. 매수인으로서는 그 매매계약에서 정한 바의 목적물이 계약내용대로의 성질을 갖고 있다고 기대하고 또 그것을 결한 경우에는 그것이 회복된다면 만족할 것이기 때문이다.

요즈음 동산 매매계약의 목적물은 거의 대부분이 종류물이다. 소비자들은 그 종류물 중 어느 것이든 상관없이, 즉 특정에 별 의미를 두지 않고 자기가 원한 품질과 내용을 갖고 있기를 기대하고 그것으로 만족한다. 특정물의 매매인 경우 그 대상이 골동품, 미술품 같은 경우에는 보증이 붙는 경우가 대부분이다. 따라서 매매계약의 목적물이 종류물이냐 특정물이냐에 따라서 그 규율을 달리할 필요가 없이 당사자들이 원하는 목적을 달성하게 하는 것이 보다 합리적이다. 이런 면에서 본다면 독일의 민법 개정은 우리에게 하나의 방향타를 준 것이 된다. 법은 사회를 돌아가게 하는 시스템이라는 점[40]을 고려한다면 문제점을 보다 합리적이고 원활하게 처리하는 방법을 선택하는 것이 바람직하다.

---

40) 영화 "매트릭스"의 대사 중에서.

제 6 장 工作物責任

[목 차]

Ⅰ. 序 論

근대산업주의가 성립한 이후 종전의 靜的인 사회에서 動的인 사회로 바뀌었고 責任法 分野의 규제 역시 動的인 관계를 대상밖에 놓아 둘 수 없게 되었다. 예를 들자면 고속교통기관과 그를 위한 시설(철도, 고속도로, 항공기와 공항 활주로), 에너지의 이동(전기 및 원자력), 대규모 기업의 활동(광산, 기업 내의 시설) 등으로 인한 사고와 그 처리에 대하여 법은 관심을 가질 수밖에 없는 것이

* 서원대학교 사회과학연구소 사회과학연구 제6집(1993.12) 221면-236면에 실려 있음.

다. 그런데 이를 다루는 태도는 두 가지가 있을 수 있다. 하나는 전통적인 해결책으로서 歸責要件을 필요로 하는 一般不法行爲 규정에 의하여 해결하는 것이고, 또 하나는 새로운 원리의 제시로 전통적인 過失責任主義에서 벗어나는 것이다. 과연 우리 민법은 어느 입장에 서 있는 것일까? 判例와 學說의 검토를 통하여 살펴보기로 한다.

또 하나 관심의 대상이 되는 것은 責任을 지는 자에 대한 우리 민법의 규정 형식이다.

所有者에게 과연 無過失責任을 인정하고 있는 것일까? 占有者가 被害者가 될 때엔 어떻게 치리되어야 할까? 아래에서 하나씩 검토해 보기로 한다.

Ⅱ. 工作物責任의 性質

1. 工作物

통상적으로 工作物이라 함은 인공적으로 작업함으로써 설치된 모든 건설물 내지 설비를 가리키는 것으로 이해하여 왔다.[1] 舊民法에서처럼 '토지의 工作物'에 한정하여 좁게 보는 것이 아니기 때문에 현대 산업사회에도 유용성이 있는 개념이고 오늘날의 기업발전에도 맞는 立法이라고 설명된다.[2] 工作物의 분류를 지상工作物과 지하工作物로 나누어보는 견해가 있으나[3] 둘 사이에 차이는 없다. 또 舊民法上의 '토지의 工作物'과 기타 工作物로 나누는 것도 구별의 의미는 없으나 편의상 그렇게 살펴본다. 토지의 工作物이라고 하면 우선 건물과 그 부속물이 있고[4], 담[5], 도로[6],

1) 郭潤直, 신정판 物據法(1992, 박영사), 403면.
2) 郭潤直, 채권각론(1992, 박영사) 691면; 李銀榮, 채권각론(1991, 박영사) 642면.
3) 郭潤直(주 1), 403면.

교량[7], 고속도로[8], 댐[9], 축대[10], 둑[11], 연못[12], 보[13], 상 · 하수도, 우물, 관개시설[14], 탄광 갱도[15], 고압선 및 전주[16], 활주로, 철로 및 건널목[17], 지하철, 가스탑, 주유탑, 광고탑, 게시판[18], 고가도로, 지하도, 육교[19], 분수대, 인공폭포 등이 있다. 그 외에 工作物의 범주에 들어가는 것으로서 건물 내의 엘리베이터, 공장 내의 작업대 및 기계[20], 주유소시설 등이 있다. 문제가 되는 것은 항공기, 자동차와 같은 고속교통시설과 원자력, 가스시설과 같은 것도

---

4) 건물을 별개의 不動産으로 하지 않는 서구의 법제에 있어서는 건물은 단지 토지의 본질적 구성부분이 될 뿐이다.

5) 대법원 1980.1.29. 79다2160(법원공보 628호 12596면).

6) 대법원 1969.3.4. 68다2298(대법원 민사판결원본 137권 134면).

7) 대법원 1968.2.27. 67다1975(대법원판결집 16권 1집 민사편 99면), 대법원 1988.3.8. 87다카2642(법원공보 1988년 664면).

8) 대법원 1978.5.9. 76다1353(대법원판결집 26권 2집 민사편 15면), 대법원 1988.11.8. 86다카775(법원공보 1988년 1520면), 대법원 1992.9.14. 92다3243(법원공보 1992년 2864면)

9) 대법원 1974.12.10. 73다1302(대법원 민사판결원본 204권 205면).

10) 대법원 1976.4.27. 74다249(대법원 민사판결원본 220권 478면).

11) 대법원 1981.9.22. 80다3011(법원공보 668호 14374면).

12) 대법원 1978.10.10. 78다1520(대법원 민사판결원본 250권 340면).

13) 대법원 1982.4.27. 81다266(대법원판결집 30권 1집 민사편 164면, 법원공보 683호 524면), 대법원 1988.9.20. 86다카1662(법원공보 1988년 1307면).

14) 대법원 1988.3.8. 87다카2462(법원공보 1988년 664면), 대법원 1990.4.10. 88다카8750(법원공보 1990년 1036면)

15) 대법원 1969.8.26. 69다842(대법원 민사판결원본 142권 170'건). 그 이외에 많은 판결이 있음.

16) 대법원 1967.9.19. 67다1399(대법원 민사판결원본 119권 236면). 그 이외에 많은 판결이 쌓여 있음.

17) 대법원 1966.11.29. 66다1859, 1860(대법원 민사판결원본 109권 416면). 그 외에 많은 판결이 있음.

18) 대법원 1981.6.23. 80다2993(대법원판결집 29권 2집 민사편 150면, 법원공보 662호 14092면).

19) 대법원 1981.12.8. 80다3282(법원공보 673호 138면).

20) 대법원 1989.7.25. 88다카21357(법원공보 1989년 1288면).

工作物에 포함시킬 것인가이다. 원칙적으로 工作物개념에 포섭시켜도 될 것이다.[21] 다만 특별법에 의한 규율이 먼저 문제될 뿐이다. 즉 이러한 새로운 危險物에 대하여는 개별적인 立法으로 문제를 해결하려는 경향이 있다.

2. 工作物의 設置 또는 保存의 瑕疵

1) 學說의 동향

여기서 瑕疵라 함은 그 물건이 본래 갖추고 있어야 할 성질이나 설비를 갖추고 있지 아니한 것을 말하며 그것은 객관적으로 판정되어야 하는 것이고 占有者나 所有者의 故意·過失에 의한 것임을 필요로 하지 않는다고 하는 것이 學說의 일반적인 경향이다.[22] 민법상의 工作物責任과 같은 성질의 것으로 이해되는 國家賠償法上의 營造物責任에 있어서의 다수설도 같은 입장이다.[23] 瑕疵가 처음부터 존재하는 때에는 設置의 瑕疵이며, 後에 생긴 때에는 保存의 瑕疵이지만 區別의 實益은 없다. 더군다나 일단 사고가 생기면 瑕疵가 있었던 것으로 추정된다고 한다.[24] 瑕疵의 판단에 工作物의 객관적인 物的 상태만을 고려하고 주관적인 故意·過失은 고려하지 않기 때문에 이러한 견해를 客觀說이라고 할 수 있다. 이에 반하여 관리자가 工作物의 안전을 유지하기 위하여 부담하는 작위·부작위의무를 위반한 것에 대한 責任으로 보는 견해는 主觀說 내지는 義務違反說이라고 할 수 있다.[25] 客

---

21) 郭潤直(주2: 이하 郭潤直 인용은 주2임). 690면; 李銀榮, 642면.

22) 郭潤直, 691면; 李銀榮. 643면.

23) 김도창, 일반행정법론(상), 584면 이하; 김남진, 행정법 Ⅰ, 517면.

24) 郭潤直, 692면; 李銀榮, 643면.

25) 민법학자로서는 정면으로 主觀說을 택하거나 지지하는 학자는 없고 다만 우리 민법의 해석을 완전한 無過失責任으로 볼 것은 아니고 主觀的인 過失을 客觀的인 瑕疵의 형으로 정형화한 것으로 보는 견해는 있다(崔 栻, "工

觀說과 主觀說이 서로 차이를 나타내는 것은 工作物의 物的 瑕疵가 제 3자에 의하여 발생한 때와 자연현상으로 일어난 때이다. 客觀說의 경우는 工作物의 物的 瑕疵만으로 바로 요건을 충족시키게 되는데 대하여 主觀說의 경우는 工作物의 安定性의 결여가 設置 保存上의 의무 위반으로 인한 것일 때에 비로소 責任이 인정된다고 할 것이다.

따라서 主觀說이 客觀說보다 責任을 인정하는 瑕疵의 범위가 좁게 될 것이다.[26] 문제는 우리 민법의 규정이 占有者에게는 免責事由를 인정하는데 所有者에게는 免責事由를 안정하지 않으므로 瑕疵의 범위의 설정은 所有者의 工作物責任을 한정하는 데 매우 중요한 의미를 갖게 된다. 또한 立證責任의 분배에도 역시 영향을 미친다. 客觀說의 경우 物的 瑕疵의 존재만 被害者가 입증하면 되는데 主觀說의 경우 工作物의 物的 安全性의 유지의무위반까지 입증하여야 한다.[27] 다만 工作物의 安全性은 그 용법에 따른 安全性의 확보이면 되는가 아니면 일반적인 安全性을 확보하여야 할 것인가에 대하여 논란이 있을 수 있다. 이에 대하여 판례는 "영조물 자체가 통상 갖추어야 할 安全性"[28]을 요구하고 "工作物의 용법을 기준으로" 工作物의 設置 保存의 瑕疵유무를 정할 수 없고 "工作物 자체가 통상 갖추어야 할 安全性에 결함이" 있으면 瑕疵라고 보며 "용도에 따른 瑕疵의 유무는 객관적인

作物의 瑕疵로 인하여 발생한 損害와 그 占有者 겸 所有者의 損害賠償責任", 사법행정 1972.7. 13권7호 13면). 뿐만 아니라 工作物責任에 過失責任的 요소가 있음을 부인할 수 없다는 견해도 있다(徐光民, 不法行爲의 歸責構造 硏究. 192면 이하). 실무가 중에서는 客觀說에 반대하고 義務違反說에 따르고 있는 견해가 있다. 즉 設置 保存上 요구되는 安全確保義務를 위반한 경우에만 工作物責任이 성립한다고 한다(李仁宰, "工作物責任에 있어서의 瑕疵", 사법행정 1993.3. 통권 387호 29면).

26) 李仁宰, 상게논문 (주 25) 21면 참조.

27) 상게논문 22면 참조.

28) 대법원 1967.2.21. 66다1723(대법원판결집 15권1집 민사면 120면).

安全性을 결정하는 데 참작사유에 지나지" 않는다고 하여 後者의 태도를 취하고 있다.[29] 瑕疵의 유무를 工作物의 설치 보존에서의 行爲義務 위반 여부에 따라 판단하는 입장에서는 行爲義務의 위반으로 인하여 工作物이 갖추어야 할 安全性을 갖추지 못한 때에 瑕疵가 있는 것으로 볼 것이고 여기에서 安全性이란 工作物의 용도에 따른 安全性만을 의미하는 것이 아니고 工作物 시설 자체의 安全性도 이에 포함된다고 보아야 할 것이므로, 工作物 용도에 따른 安全性만을 갖추는 作爲義務를 다하는 것만으로는 工作物의 설치보존에 있어서의 行爲義務를 다하였다고 볼 수는 없을 것이다. 따라서 工作物의 용도에 따른 行爲義務의 위반유무는 工作物의 설치 보존에 있어서의 瑕疵 유무의 결정에 참작사유는 될지언정 그 절대적 기준은 될 수 없다고 할 것이다.[30] 이런 점에서 판례의 태도가 타당하다고 본다.

2) 判例의 동향

판례의 주된 흐름은 客觀說에 따르는 것처럼 보인다. 즉 工作物의 瑕疵란 "工作物의 設置 및 保存에 불완전한 점이 있어 이 때문에 그 工作物이 그 용법에 따라 통상 갖추어야 할 安全性을 갖추지 못한 상태에 있음을 말하는 것"[31]라고 한다. 다만 工作物의 設置 保存者에게 瑕疵의 전제로서 "그 工作物의 위험성의 정도에 비례하여 사회통념상 일반으로 요구되는 정도의" 防護設置義務가 인정된다고 하고 있어 실제에 있어서는 工作物의 設置 保

29) 대법원 1976.3.9. 75다1472(대법원판결집 24권 1집 민사편 135면).

30) 南潤鎬. "工作物의 設置 保存의 瑕疵", 법조 1976.5. (통권 25권 5호) 83면 이하.

31) 대법원 1987.5.12. 86다카2773(법원공보 1987년 971면) 및 그 이전의 판결인 대법원 1976.3.9. 75디1472(대법원판결집 24권 1집 민사편 135면), 대법원 1986.2.11. 85다카2336(법원공보 773호 452면)과 그 후인 대법원 1988.10.24. 87다카827(법원공보 1988년 1461면), 대법원 1989.7.25. 88다카21357(법원공보 1989년 1288면) 등에서 거의 동일한 견해를 보이고 있다.

存上의 일정한 안전유지의무를 위반한 것을 瑕疵로 보고 있는 듯하다.[32] 따라서 판례의 태도는 실질적으로 主觀說의 입장을 고려하고 있는 것이다. 客觀說과 主觀說이 서로 차이를 드러내는 것은 제3자의 행위가 개입하였거나 자연력에 의하여 야기된 工作物의 瑕疵에 대하여도 工作物責任을 부담하는가 여부이다. 이때에도 工作物의 所有者 또는 所有者가 사고의 발생 이전에 瑕疵를 바로 발견할 수 있었고 즉시 제거할 수 있었던 경우에는 主觀說에서도 그 제거를 하지 않은 것이 바로 保存의 瑕疵가 되어 客觀說에서와 같은 결론에 이르게 된다.[33]결국 兩說이 분명히 다른 결론을 맺게 되는 것은 자연력이나 제3자의 행위의 개입으로 工作物의 安全性을 해하게 된 경우에 통상적인 거래상 요구되는 정도의 安全確保義務의 이행만으로는 危險을 제거하는 것이 불가능한 경우라고 할 것이다.[34]

따라서 판례가 主觀說과 客觀說 중에서 어느 견해를 취하는 것인지는 工作物로 인한 事故에 제3자의 행위가 개입한 경우의 판결을 살펴봄으로써 그 태도를 추정해 보는 것이 타당할 것이다. 판례는 "工作物의 設置 保存의 瑕疵로 인하여 라고 함은 그 工作物의 설치 또는 보존상의 瑕疵만이 損害발생의 원인이 된 경우를

---

32) 대법원 1984.7.24. 83다카1962(대법원판결집 32권 3집 민사편 175면). 뿐만 아니라 대법원 1977.1.25. 16다2209(대법원 민사판결원본 229원 432면)에서는 "토지의 工作物을 설치함에는 이에 의하여 타인에게 損害가 발생하지 않게 설비를 하여야 하고 그 설비에 결함이 있어서 타인에게 損害를 입히게 된 때에는 결국 그 설치에 瑕疵가 있다 할 것이고 그와 같은 瑕疵가 없다고 하기 위해서는 그 설치 당시뿐만 아니라 그 설치 이후에 있어서도 주위의 자연적 환경변화 및 건물의 신축 등으로 인한 인위적 환경변화의 상황에 대하여도 역시 타인에게 損害를 입히지 않게 하는 설비를 하여야 하는 것"이라고 하여 工作物의 실치 당시뿐만 아니라 설치 이후에 있어서도 損害방지설비의무를 부담함을 판시하고 있다.

33) Karl Oftinger & Emil W. Stark, Schweizerisches Haftpflichtrecht Bd. II/1, S. 200.

34) 李仁宰, 전게논문(주 25), 28면 참조.

말하는 것이 아니고 다른 제3자의 행위와 경합하여 損害를 발생한 경우에도 자기의 工作物의 설치 또는 보존의 瑕疵가 공동원인이 된 이상 그 損害는 자기 工作物의 설치 또는 보존의 瑕疵로 인하여 발생한 것으로 보아야 할" 것이라고 한다.[35] 그리고 "다른 자연적 사실이나 제3자의 행위 또는 피해자의 행위와 경합하여 損害가 발생하더라도" 마찬가지라고 한다.[36] 또한 고속도로의 경우에 "시속 100킬로미터로 차량이 빈번히 통행하는 도로로서 도로상에 통행에 방해가 되는 어떠한 장애물의 존재도 허용할 수 없는 것이기 때문에 그 도로의 추월선상에… 차단블럭이 밀려나와 있었다면 그 사실 자체가 일단은 고속도로가 본래 갖추어야 할 安全性을 갖추지 못한 상태에 있는 것이어서 이는 고속도로의 보존상의 瑕疵가 있는 경우에 해당한다."고 하여 客觀說의 태도를 취한 것이 있다.[37]

그런데 유사한 사건에 대하여 정반대의 태도를 보이는 판결도 있다. "工作物인 도로의 設置保存上의 瑕疵는 도로의 위치 등 장소적인 조건, 도로의 구조, 교통량, 사고 시에 있어서의 교통사정 등, 도로의 이용 상황과 그 본래의 이용목적 등 제반 사정과 物的 결합의 위치, 형상 등을 종합적으로 고려하여 사회통념에 따라 구체적으로 판단하여야 할 것"이라고 하면서, "도로의 설치 후 제3자의 행위에 의하여 그 본래의 목적인 통행상의 안전에 결함이 발생된 경우에는 도로에 그와 같은 결함이 있다는 것만으로 성급하게 도로의 보존상 瑕疵를 인정하여서는" 안된다고 하며, "당해 도로의 구조, 장소적 환경과 이용 상황 등 제반의 사정을 종합하여 그와 같은 결함을 제거하여 원상으로 복구할 수 있는데도 이를 방치한 것인지 여부를 개별적 구체적으로 심리하여 瑕疵

35) 대법원 1974.7.26. 74다543(대법원 민사판결원본 200권 614면).
36) 대법원 1977.7.12. 76다2608(대법원 민사판결원본 235의 상권 237면).
37) 대법원 1988.11.8. 86다카775(법원공보 1988년 1520면).

의 유무를 판단하여야 할 것"이라고 한다.[38] 즉 장애물의 제거가능성과 그 제거의무위반여부를 따져서 瑕疵유무를 판단하여야 할 것이라고 보는 것이다.

고속도로상의 장애물로 인한 사고에 대한 위의 두 판결을 비교하면서 92년의 판결은 장애물의 제거가능성이 瑕疵의 내용을 이루는 것으로 보는 반면 88년의 판결은 제거불가능성이 免責事由에 해당한다고 보는 견해가 있는데[39] 그렇게 보는 것보다는 88년의 판결은 어떠한 사정도 免責事由로 고려하지 않은 것이고 92년의 판결이 瑕疵를 판단함에 있어 구체적인 사정을 고려의 요소에 넣어 장애물의 제거불가능성을 免責事由로 인정한 것이 아닌가 한다. 물론 客觀說이나 主觀說 모두 不可抗力을 免責事由로 인정함에 있어서는 차이가 없다. 다만 不可抗力의 해석에 있어 범위의 차이를 보이고 있다.[40]

결론적으로 判例의 태도는 工作物責任에 있어 工作物의 物的 瑕疵만으로 그 責任이 발생하는 것이 아니라 그 物的 安全生의 결함이 工作物의 設置 保存上의 瑕疵로 인한 것임을 요구하고 있는 것으로 볼 수 있다. 즉 瑕疵의 개념에 있어 客觀說的인 태도를 보이면서도 그 瑕疵의 전제로 일정한 防護措置義務, 즉 工作物의 危險性에 비례하여 사회통념상 일반적으로 요구되는 정도의 防護措置義務의 違反을 요구하고 있는 셈이다.[41]

---

38) 대법원 1992.9.14. 92다3243(법원공보 1992년 2864면).

39) 李仁宰, 전게논문 (주 25) 24면.

40) 상게논문 25면 참조. 다만 판례상 불가항력을 정만으로 다루는 것으로는 대법원 1982.8.24. 82다카348(대법원판결집 30권2집 민사편 276면, 법원공보 690호 878면)이 유일한 것으로 보인다. 이 판결에서는 "집중폭우가 그 지역에서 이변에 속하는 자연현상으로서 도로의 안전성을 위하여 필요한 시설을 갖추었다고 하여도 도로의 붕괴를 방지할 수 없었다고 안정되지 않는 한 그러한 집중폭우는 불가항력이라 할 수 없다"고 하였다. 또한 이때 불가항력의 主張立證責任은 工作物의 점유자에게 있다고 하여 瑕疵의 존재에 대한 主張立證責任과 대비시키고 있다.

41) 대법원 1987.5.12. 86다카2773 판결에 대한 평석 "工作物의 設置 保存者에

3. 工作物責任의 本質

위에서 살펴본 바와 같이 工作物責任의 성질을 논하면서 學說이 대개 아무런 고려 없이 危險責任의 하나로 보는 것[42]은 문제가 없다고는 할 수 없다. 오히려 工作物責任에 대하여 過失責任的 요소가 있음을 인정하는 것이 타당한 견해로 보인다.[43] 그렇지만 특수한 工作物, 예를 들면 원자력 발전시설, 그 외 발전 송전시설, 고속교통기관 등의 경우에 危險責任의 법리로 다루어야 함을 부정할 수 없다. 따라서 이러한 경우에는 특별법으로서 규율해야 할 것이지 민법상의 工作物責任規定으로 이를 해결하려는 것은 무리라고 보인다. 독일이 특별법의 규율방식으로 문제를 처리하는 것은 우리에게 좋은 시사가 된다고 할 수 있고 우리의 경우에도 이러한 특별법, 예를 들면 自動車損害賠償保障法, 原子力損害賠償法, 油類汚染損害賠償保障法 등의 제정으로 해결을 모색하고 있음을 볼 수 있다. 그러므로 일반적인 工作物의 경우 그 瑕疵로 인한 損害賠償責任을 묻는 것이 危險責任으로 규율될 수

게 부과되는 防護措置義務의 정도" 참조(朴仁鎬, 대법원판례해설 1987년 상권 통권 7호 27면 이하). 대법원 1992.2.24. 91다37652(법원공보 1992년 28면) 판결은 대학건물의 옥상에서 被害者가 선배로부터 기합을 받던 중 몸을 구르다가 떨어져 사망한 사고에 대하여 被害者측이 工作物의 所有者인 대학 측을 상대로 工作物責任을 물은 사건이다. 그런데 법원은, 危險性에 대한 지각능력이 있는 대학생들이 출입이 제한되어 있는 건물의 옥상에서 추락 등의 사고를 일으킬 수 있는 행위를 하리라고 기대할 수 없다는 이유로 관리인을 두거나 난간을 설치하지 않았더라도 "그 工作物의 위험성에 비례하여 사회통념상 일반적으로 요구되는 정도의 방호조치의무"를 다하였다고 하여 대학 측의 工作物責任을 부정하였다. 이 사안에 대한 법원의 견해는 이해되지 않지만 工作物責任의 전제로 제시된 防護措置義務는 이전의 판결과 일치하는 것이라고 할 것이다.

42) 郭潤直 689面은 危險責任의 法理가 工作物責任의 근거가 된다고 한다. 일종의 정책적 고려가 담겨 있다고 한다(同 690面). 李銀榮 642面은 一般不法行爲로부터 독립된 또 하나의 責任體系인 危險責任에 속한다고 한다.

43) 徐光民, 전게논문 (주 25); 李仁宰, 전게논문 (주 25) 등.

는 없는 것이고 일종의 中間責任的인 성질을 띤 過失責任으로 볼 수 있지 않을까 한다. 즉 被害者는 사고와 그 損害 및 瑕疵만을 主張 立證하면 되고 工作物 設置 保存의 責任者는 損害防止를 위한 防護措置義務를 다하였음을 立證함으로써 免責이 될 수 있지 않을까 한다.

Ⅲ. 工作物責任의 主體

1. 立法 沿革

우리 민법안 심의록을 보면 工作物 등의 占有者 所有者의 責任에 대하여 별달리 의견을 개진한 것이 없고 舊民法 제717조와 동일하다라고만 되어 있을 뿐인데 우리 立法者意思를 탐구한다는 것은 벽에 부딪힌 느낌을 줄 뿐이다.[44] 따라서 우리 민법규정의 母法이 된 일본의 논의를 본다. 일본 민법 제717조도 過失責任의 원칙에 기하는 것이지만 過失責任의 원칙을 좀 넓혀서 工作物의 設置 保存에 있어서의 타인의 過失에 대해서도 占有者가 責任을 지기 위해서는 특별한 규정이 필요하고[45] 또 損害賠償의 責任者에 관해서는 損害의 發生을 막는 데 직접 관계가 있는 자에게 그 責任을 부담시키는 것이 효력이 있다는 이유에서 독일민법에 따라 占有者로 하였지만 일본의 실정으로서는 오히려 所有者가 責任을 지는 것으로 해야 한다는 반대 견해가 있었기에 절충적인 입법을 택하여 원칙적으로 占有者가 責任을 지고 다만 占有者가 주의를 해태하지 않은 경우에는 所有者가 責任을 지는 것으로 하

44) 民法案審議錄 上卷 447面.

45) 過失責任의 원칙은 자기의 故意 過失로 인한 損害에 대하여만 責任을 질 뿐 타인의 歸責事由에 기한 損害에는 責任을 지지 않는다는 것인데 工作物의 경우 제작자가 따로 있는 경우가 많고 이때 被害者가 이에 대하여 責任을 추궁하는 것이 여러 가지 점에서 불편하고 곤란한 점이 있다.

였다고 한다.[46] 獨逸 民法을 기초로 하기는 하였으나 日本 民法이 이러한 立法態度를 보인 이유는, 日本의 경우에는 獨逸과는 달리 占有者가 無資力인 경우가 一般的이므로 資力있는 所有者가 그 責任을 지게 하되 그 責任條件을 限定할 必要가 있었기 때문이라고 한다.[47] 그렇지만 所有者의 責任을 無過失責任으로 한다는 의식까지 있었던 것은 아닌 것 같다.[48] 여기서 우리는 다른 立法例를 살펴볼 필요가 있을 것이다.

2. 다른 나라의 立法例

먼저 工作物責任의 연혁을 살펴보면 게르만法에서의 團體本位의 責任理論과 로마法의 個人本位의 責任理論과의 妥協에서 成立한 것이라고 한다.[49] 즉 게르만法에서는 생명 없는 물건으로부터 생기는 損害에 대하여 그 占有者가 無過失責任을 지며, 로마法에서는 建物이 무너진 경우에 그 所有者에게 보통의 過失責任보다 좀 무거운 責任을 인정하고 있었다고 한다.[50]

獨逸民法에서는 第836條 第1項에서 "建物 또는 土地에 結合되어 있는 다른 工作物의 붕괴로 인하여, 또는 建物 또는 工作物의 一部의 균열로 인하여 사람이 죽거나 사람의 身體 또는 健康이 侵害되거나 物件이 毁損되었을 경우에 그 붕괴 또는 균열이 設置 또는 保存의 瑕疵의 결과이면 土地의 占有者는 被害者에 대하여 그로 因하여 생긴 損害를 賠償할 義務를 진다. 占有者가 危險防止의 目的을 위하여 去來에 必要한 注意를 하였을 때에는 賠償義

46) 民法修正案(前三編)の 理由書, 廣中後雄 編著(有斐閣 昭和 62年), 678면 이하.

47) 目崎哲久, 工作物責任法理の交錯, 法律時報, 49巻 1號 27面.

48) 民法修正案(前三編)の 理由書, 679면.

49) 郭潤直 (주 2), 689면.

50) 상게서, 689면

務가 생기지 않는다."라고 규정하면서 第2項에서 "土地의 前 占有者는 붕괴 또는 균열이 자신의 占有가 終了된 後 1年 以內에 생긴 때에는 그 損害에 대하여 責任이 있다. 그러나 그가 자신의 占有 中에 去來에 必要한 注意를 다하였거나 다음 占有者가 이러한 注意를 다함으로써 危險을 避할 수 있었을 때에는 그러하지 아니하다"라고 하여 前 占有者의 責任關係까지 언급한 후 第3項에서 "이 條項의 의미에서의 占有者는 自主占有者이다"라고 밝히고 있다. 그리고 第837條에서 "權利의 행사로서 他人의 土地 위에 建物 또는 기타 工作物을 占有하는 者는 土地의 占有者에 대신하여 第836條에서 定한 責任을 진다"라고 規定하고 있다. 第838條에서는 "建物 또는 土地에 결합되어 있는 工作物의 保存을 占有者를 위하여 引受한 者, 또는 자기에게 존재하는 用益權에 基하여 建物 또는 工作物을 保存하는 者는 붕괴 또는 일부의 균열로 인하여 發生한 損害에 대하여 占有者와 同一하게 責任이 있다"라고 규정하고 있다. 이러한 獨逸民法의 태도는 責任의 대상을 建物 또는 土地에 결합되어 있는 工作物에 限定하면서 또한 그것의 붕괴 또는 균열의 경우에만 責任을 지도록 하고 있다. 그리고 去來上의 相當한 注意를 한 때에는 免責을 인정하고 있다.

오스트리아 민법 제1319조는 "建物 또는 土地에 세워진 工作物의 부분으로부터 붕괴 또는 분리되어 누가 다치거나 損害가 발생하면, 건물 또는 工作物의 占有者는 그 損害의 발생이 工作物의 瑕疵있는 狀態의 결과이고 그가 그 危險의 예방을 위하여 요구되는 모든 注意를 다하였음을 立證하지 못하면 損害賠償의 責任이 있다"라고 규정하고 있고 1975년 개정으로 삽입된 제1319-a조는 道路에 기인한 工作物責任을 다루고 있다.

프랑스 民法에서는 第1384條 第1項에서 자신 또는 자신의 責任下에 있는 者의 保管物에 의하여 생긴 損害에 대하여 責任을 진다고 규정하고 第1386條에서 "建物의 所有者는 그 붕괴로 因하여 생긴 損害에 대하여 그 붕괴가 保存의 瑕疵 또는 建築上의 瑕疵로 인하여 생긴 때에는 그 責任이 있다"라고 규정하여 建物所有者의 責任을 인정하고 있다.

이탈리아 민법 제2051조는 "자신의 보관 아래에 있는 물건으로부터 발생한 損害에 대하여 그것이 災難임을 立證 못하면 保管者가 責任을 진다라고 규정하고 이어 제2053조에서 "건물 또는 그 밖의 건축물의 붕괴로부터 생긴 損害에 대하여 그것이 瑕疵있는 保存行爲 또는 建築의 瑕疵로 歸因한 것이 아님을 입증 못하는 한 소유자는 責任을 진다"라고 한다.

스위스 債務法에서는 第58條에서 "建物 또는 다른 工作物의 所有者는 不完全한 設置 또는 修繕에 의한 경우를 포함하여 不充分한 保存에 의하여 그것이 야기한 損害를 賠償하여야 한다. 그러나 이에 대하여 責任있는 다른 사람에게 求償할 수 있다"라고 규정하고 이어서 第59條에서 "다른 사람의 建物 또는 工作物에 의하여 損害를 입게 될 憂慮 있는 자는 所有者에 대하여 그 危險의 豫防을 위하여 必要한 方法을 행할 것을 請求할 수 있다. 그러나 사람과 財産權에 대한 保護를 위한 경찰규정의 제한이 있다"라고 규정하여 建物 기타 工作物의 所有者에게 責任을 인정하고 있다.

영미불법행위법에서는 不動産의 所有者 및 占有者가 자기의 소유 또는 점유하는 不動産에서 발생한 타인의 損害에 대하여 責任을 질 경우를 특별히 다루고 있다.[51] 不動産에서의 不法行爲責任은 주로 현재의 점유와 관련하여 일어나기 때문에 또한 占有者는 그 占有不動産 上의 危險을 발견하고 통제할 수 있는 가장 적절한 위치에 있기 때문에 대부분의 경우 不動産의 占有者가 責任을 지게 된다. 不動産의 所有者 또는 占有者는 합리적인 이용원칙에

---

51) 金相容, "英美不法行爲法에서 不動産의 所有者 및 占有者의 責任", 사법행정 1989.4. (통권 316호) 79면 이하 및 동 1989.5. (통권 317호) 69면 이하 참조.

따라 자기의 소유 또는 점유의 不動産에서 수행하는 활동에 관하여 그 不動産 밖에 있는 사람들의 보호를 위하여 합리적인 주의의무를 다할 것이 요구되며, 또 그 不動産을 점검하고 수리 등 합리적인 조치를 취하여야 할 적극적인 의무를 부담하며 이러한 의무를 게을리 하여 타인에게 損害가 생겼을 때에는 責任을 진다고 한다.[52]

위 立法例를 보건대 독일민법의 경우 工作物을 직접 지배하는 占有者에게 責任을 지우는 것을 볼 수 있다. 독일민법은 過失責任主義에 바탕하고 있는 규정을 갖고 있는 바, 過失의 推定으로 약간의 문제를 해결할 뿐이다. 따라서 工作物 관계의 특별한 責任을 지우기 위하여서 危險責任主義에 근거한 특별법을 제정하였다. 오스트리아 민법은 독일 민법의 태도와 유사하다. 프랑스민법에서도 마찬가지로 제1384조는 直接占有者의 責任을 규정한 것이라 할 수 있고 제 1386조가 建物所有者에게 特別責任을 부과하고 있는 것은 소위 無生物責任의 유일한 예로 생각되었다고 한다.[53] 다만 프랑스의 경우 판례를 통하여 무생물로부터 생기는 損害에 대하여 그 보관자에게 널리 無過失責任을 인정하게 되었고 후에는 不動産에까지 확장되었다고 한다. 따라서 프랑스민법 제1386조의 규정은 일반적인 의미를 상실하고 문자 그대로 건물붕괴의 경우에만 적용되는 규정으로 되었다고 한다.[54] 이탈리아 민법규정은 프랑스 민법규정과 거의 동일하다. 스위스 채무법 제58조, 프랑스 민법 제1386조, 이탈리아 민법 제2053조, 독일민법 제836조 등은 역사적 淵源이 로마법의 "cautio damni infecti"라고 한다.[55]

---

52) 상게논문 (통권 316호) 80면.

53) 崔 栻, (주 25) 12면.

54) 상게논문, 12면.

55) Karl Oftinger&Emil W. Stark, a. a. 0., S.166. 여기서 'cautio damni infecti'는 Digesta 39. 2. 2에 나오는 Gaius의 'Damnum infectum est damnum nondum factum, quod futurum veremur.'에 연원을 두는 것으로 우리말로는 '發生可能

위에서 살펴본 바처럼 우리 민법처럼 제1차적으로 占有者가, 제2차적으로 所有者가 責任을 지는 형태의 立法은 일본을 제외한 다른 나라에는 없는 것이다. 따라서 우리 민법에서는 工作物의 占有者가 被害者인 경우에는 어떠한 해석을 하여야 할 것인지가 문제로 등장하게 된다.

3. 工作物의 占有者가 被害者인 경우

1) 學說

가) 肯定說

民法 第758條는 원래 占有者 및 所有者와 그 以外의 第3者가 있는 경우의 關係를 規律하는 것을 예상하는 것이기는 하지만 그렇다고 해서 그 이외의 경우, 즉 占有者가 被害者인 경우에는 適用이 排除된다고 볼 直接的인 根據가 없다고 한다.[56] 그리고 占有者가 民法 第758條 第1項의 第1次的 責任者라고 하는 것은 第3者와의 關係에서만이고 所有者에 대한 관계에서는 實質的으로 危險發生을 防止할 수 있는 地位에 있는 者가 責任을 負擔하는 것이 本 條項의 但書의 指導原理인 危險責任의 精神에 반드시 矛盾되는 것이 아니며 또한 法條適用의 逸脫도 아니라고 한다. 또한 占有者에게 本 條項 但書의 免責을 認定받을 事由가 있는 경우, 所有者가 占有者 以外의 第3者에 대하여는 責任을 負擔하면서 우연히 被害者가 占有者인 경우에는 責任을 負擔하지 않는다는 결과가 되는데 그런 차이가 생기는 것은 부당하다고 한다.

한 損害의 擔保'라고 번역할 수 있다. Black's Law Dictionary에서는 Damnum infectum을 '아직 發生하지는 않았으나 위협받고 있는 損害'라고 하고 있다 (Black's Law Dictionary 6th Ed. 1990, p. 393).

56) 古川 博, 建物所有者に對する占有有の民法717條1項による責任追及(法律時報 51卷 5號 119面).

나) 否定說

民法 第758條 第1項은 그 瑕疵로 因하여 他人에게 損害가 發生한 경우에 第1次的으로 占有者가, 第2次的으로 所有者가 그 責任을 지는 것을 規定한 것이고 工作物 占有者가 그 瑕疵로 인하여 損害를 입은 경우에 이 占有者는 同 法條의 '他人' 내지는 '被害者'에 해당하지 않는다고 한다. 따라서 가령 占有者가 損害發生의 防止에 필요한 주의를 다한 경우라도 그런 損害의 賠償을 所有者에게 구할 이유는 없다고 한다. 뿐만 아니라 민법의 工作物責任이 占有者를 第1次的 責任者로 규정하고 있는데 그 취지는 실질적으로 危險發生을 防止할 지위에 있는 자가 바로 占有者이기 때문이며 따라서 그러한 지위에 있는 直接占有者가 損害賠償請求를 하는 것을 인정할 수 없다고 한다.[57)]

다) 比較較量說

所有者에게 工作物 設置上의 瑕疵가 있지만 그 瑕疵가 비교적 작은 경우에, 그 工作物의 占有者에게는 工作物 保存上의 비교적 큰 瑕疵가 인정되는 경우라면 不法行爲法上 工作物責任을 所有者에게 물을 수는 없으며, 따라서 반대의 경우에는 所有者에게 責任이 생길 여지가 있다고 한다.[58)]

2) 判例

賃借人이 연탄가스 사고로 인하여 사망하자 그 상속인이 家屋의 實質的 所有者에게 工作物責任을 물은 것에 대하여 所有者가 民法 第758條의 第1次的 賠償責任者는 工作物占有者인데 자신은 그러한 占有者가 아니라고 上告하자, 大法院은 "建物의 一部를

---

57) 柳元奎, "家屋所有者의 賃借人에 대한 工作物責任", 민사판례연구 12집 (1990. 5 박영사), 172면.

58) 千葉地判 昭和 46年 3月 9日 (判例時報 642號, 51面).

임차한 사람이 直接占有者로서 所論과 같이 第1次的 賠償責任者라 하더라도 本件과 같이 그 賃借人이 동시에 民法 第758條 第I項의 이른바 '他人'(즉 被害者)일 경우에는 同法 所定의 第1次的 賠償責任者는 間接占有者라고 해석함이 타당할 것"이라고 判示함[59]으로써 所有者로서의 第2次的 責任을 묻지 않고 곧바로 間接占有者로서의 第1次的 責任을 肯定하였다. 이 判決은 民法 第758條 第1項의 工作物責任의 構成要件에 대하여 直接占有者뿐만 아니라 間接占有者도 이 條項의 占有者로서 賠償責任을 지는 者에 屬한다고 보고 있다. 그러나 間接占有者의 責任을 묻는 것은 大法院 1975.3.25. 선고, 73다1077 判決[60]과, 大法院 1976.9.14. 선고, 75다204 判決[61]과, 大法院 1979.6.12. 선고, 79다466 判決[62]과, 大法院 1981.7.28. 선고, 81다209 判決[63]에서 判示한 바와 같이 所有者는 따로 있고 直接占有者가 免責될 때에 間接占有者가 第2次的으로 責任을 지는 경우에 합당한 것으로 보아야 하지 않을까 한다. 즉 그러한 때에도 間接占有者에게 免責事由가 있는 경우라면 당연히 그는 免責되고 所有者가 第3次的인 責任을 負擔하게 될 것이다. 따라서 所有者로서의 責任을 묻지 않고 間接占有者로서의 責任을 묻는 것은 타당하지 않다고 할 것이다. 어쨌든 위 判決에서 所有者의 責任을 結果的으로 肯定한 것은 위 學說中 肯定說에 가까운 것이라고 할 수 있겠다.

3) 檢討

民法 第758條 第1項이 예정하고 있는 것은 원래 所有者, 占有

59) 대법원 1977.8.23. 77다246(대법원판례집 제25권 2집 민사편 245면, 법원공보 569호 10268면).

60) 대법원판례집 제23권 1집 민사편 115면, 법원공보 511호 8367면.

61) 대법원판례집 제24권 3집 민사편 5면, 법원공보 546호 9343면.

62) 대법원판례집 제27권 2집 민사편 80면, 법원공보 613호 11987면.

63) 법원공보 664호 14207면.

者 및 第3者와의 關係라고 보는 見解를 살펴본다. 이러한 견해에서는 占有者와 所有者가 다 같이 責任이 있는 경우에는 本 條項으로서는 占有者에게 責任을 물을 수 있을 뿐이다. 또 占有者의 면책사유가 未確定인 경우에는 大法院 1977.7.12. 선고, 77다795 判決[64]에서 判示한 바와 같이 所有者에게 직접 責任을 물을 수 없게 된다. 그리고 이 見解가 妥當하다고 본다면 直接占有者가 損害를 입은 경우에는 그는 法條文上의 '他人' 또는 '被害者'에 해당하지 않는다. 이때에 直接占有者의 救濟는 占有媒介關係의 原因인 法律關係(즉 賃貸借, 傳貰, 렌트' 리스 등)에 따라서 하여야 할 것이다.[65]

위 見解를 否定하고 占有者가 被害者인 경우에도 民法 第758條 第1項에 해당하며 所有 者에게 工作物責任을 묻는 것을 인정하는 見解에서 본다면, 占有者가 被害者인 경우에 法文을 엄격하게 適用한다면 占有者가 損害의 防止에 必要한 注意를 懈怠하지 않은 때에 限하여 所有者가 責任을 진다고 할 것이다. 따라서 이 見解를 따른다 하더라도 임차건물의 瑕疵에 의한 賃借人의 피해에 대하여 所有者의 責任을 認定할 수 없게 될 것이다. 그러므로 이 見解에서는 法條文을 文言 그대로 解釋하지 않으며 法條文의 一部를 修正하여 適用하게 된다. 즉 여기서는 "工作物의 設置 또는 保存의 瑕疵로 因하여 他人에게 損害를 加한 때에는 工作物의 所有者가 損害를 賠償할 責任이 있다"라고 규정한 것과 같이 解釋하는 셈이다. 이것은 프랑스 민법과 스위스 債務法에서와 같은 태도라고 볼 수 있다. 工作物責任을 危險責任의 精神에서 규율한다면 이러한 견해가 바람직한 태도라고 할 수도 있다. 이때에도 所有者가 그 損害에 달리 責任이 있는 者에게 求償하는 것은 물론 부정되지 않는다. 그러나 이러한 태도가 옳다고 하더라도 現

64) 대법원 민사판결원본 235의 상권 543면.

65) 柳元奎, 상게논문 175면.

法條文으로는 이렇게 解釋하는 것이 곤란한 것도 사실이다. 더군다나 立證責任이 전도되는 현상을 볼 수 있다는 것 역시 난점의 하나이다. 즉 원래 占有者가 스스로 過失없음을 주장하여 免責받도록 되어 있는 민법 제758조 제1항의 責任구조를 바꾸어 所有者가 적극적으로 占有者의 過失올 立證하여야 한다는 불합리를 갖고 온다.[66] 또 하나의 난점은 工作物所有者의 責任을 無過失責任으로 본다면 過失相計의 비율을 정할 수 없다는 것이다.[67]

比較較量說에 대하여 살펴본다. 工作物의 設置 또는 保存의 瑕疵의 大小를 따져 比較하는 것은 工作物責任을 肯定하는 경우에는 法條文上 論理에 맞지 않으며 오히려 工作物責任을 물을 것이 아니라 契約上 責任(예를 들면 賃貸借約上의 維持修繕義務)을 물을 때에 妥當한 論理의 展開가 될 것이며 그 責任을 公平하게 나눌 수 있을 것이다. 그러므로 이러한 견해는 占有者가 被害者인 경우 所有者의 責任을 묻는 문제의 해결로 적절하지 않다고 볼 것이다.

工作物의 占有者가 被害者인 경우의 예로서 주택 賃貸借關係에서 주택의 瑕疵로 인하여 占有者인 賃借人이 損害를 입어 賃貸人인 所有者를 상대로 損害賠償責任을 묻는 것이 判例에서 많이 문제되고 있다. 그러나 주택 임대차의 경우에 주택에 瑕疵가 있는 경우에는 民法 第758條 第1項의 責任을 물을 것이 아니라 賃貸借契約에 의하여 해결하는 것이 타당하지 않을까 한다.[68] 賃貸借關係에 있어 賃貸人의 維持修繕義務는 用法에 따른 使用 收益에 必要한 限度에 그친다고 본다.[69] 따라서 그 필요한 한도 내의 維持

66) 상게논문 173면 참조.

67) 상게 논문 174면.

68) 상게논문 161면 이하 同旨. 이 논문은 대법원 1989.3.14. 88다카11121(대법원판결집 37권 1집 민사편 147면)의 평석인데 이 판결에서 대법원은 피해자인 직접점유자에게 소유자가 責任을 질 것을 인정하고 또 賃借人에게 그 보존상의 과실이 있으면 과실상계사유로 삼아야 한다고 한다.

69) 郭潤直, 320면.

修繕을 하지 않아 損害가 발생 하면 債務不履行責任을 물을 수 있고 그 維持修繕義務 밖의 경우에는 所有者에게 責任이 없다고 하여야 하지 않을까 한다. 瑕疵가 방바닥의 틈새인 경우에 대하여는 賃貸人의 修繕義務가 없다는 누적된 判例가 있으나[70] 그것은 형사판결로서 民法上의 責任有無를 묻는 데에는 그대로 적용하기가 곤란한 것이다. 이 경우에는 維持修繕義務의 한계 내에 해당하는 것으로 보아야 할 것이다. 그러므로 賃貸人의 維持修繕義務의 違反으로서 賃借人 및 그 相續人에 대하여 賃貸人은 責任을 져야만 할 것이다. 다만 이 경우에 賃借人의 過失을 고려하는 것이 타당할 것이다. 어떻게 해결하는 것이 합리적이고 被害者인 占有者가 所有者를 상대로 民法上의 工作物責任을 추구하는 것은 타당하다고 할 수 없다. 즉 工作物責任規定에서 제1차적으로 占有者에게 責任을 지우는 취지는 앞에서 본 것처럼 危險을 除去할 최적의 지위에 있기 때문이고 제2차적으로 所有者에게 責任을 부과하는 것은 被害者가 占有者의 責任을 추구할 수 없을 때, 즉 占有者가 免責事由를 입증 하였을 때라고 하여야 한다. 결론적으로 占有者가 被害者인 경우는 工作物責任을 所有者에게 물을 수 없다고 하여야 할 것이다. 따라서 부정설이 타당하다고 본다.

70) 대법원 1978.1.24. 77도3465(대법원판결집 26권 1집 형사편 15면, 법원공보 581호 10647면); 대법원 1983.9.27. 83도2096(대법원판결집 31권 5집 형사편 110면, 법원공보 716호 1641면); 대법원 1984.1.24. 81도615(대법원판결집 32권 1집 특별편 339면, 법원공보 724호 396면); 대법원 1985.3.12. 84도2034(법원공보 751호 557면) 이 판결은 문과 벽 사이의 틈에 대한 판결이다. 이러한 형사판결이 나온 것은 만약 이러한 사건에 있어 賃貸人의 責任을 인정한다면 바로 형사상 과실치사상죄에 문의하게 되기 때문이 아닌가 한다. 따라서 이러한 면을 고려한 형사판결을 민사사건에 바로 적용한다는 것은 곤란하지 않을까 한다. 이 점에서 민사상에 있어서도 과실을 인정할 수 없다는 위 柳元奎의 견해와 달리 한다(柳元奎, 상게논문 174면 참조).

Ⅳ. 結　論

우리 民法의 工作物責任 規定은 새로운 시대의 요청에 부응하는 危險責任의 法理에 바탕한 것이라고 볼 수 없으며, 過失責任의 法理에 근본을 두고 있는 일종의 中間責任的 構成을 한 것이라고 판단된다. 다시 말하면 민법이 규정하고 있는 工作物責任은 所有者에게 전적인 無過失責任을 부과한 것이라기보다는 오히려 工作物의 所有者가 그 損害의 발생이 工作物의 瑕疵로 인한 것이 아님을 立證하거나 그러한 危險發生의 防止에 필요한 모든 注意를 다하였음을 立證한 때에는 責任을 면하는 中間責任을 지운 것이라고 보아야 할 것이다. 시대의 발전에 따라 새로이 危險物로 등장하는 工作物의 責任에 대하여 過失責任의 法理에 근거한 민법의 이러한 규정을 그대로 적용하는 것은 상당한 무리가 따르므로 이러한 危險性이 높은 새로운 工作物에 대하여는 危險責任의 法理를 바탕으로 하는 法律들을 제정하여 적용하여야 할 것이다.

제 4 부 가족법

제 7 장 상속의 한정승인에 관한 연구

[목 차]

Ⅰ. 序 論

1. 硏究의 目的과 範圍

우리 민법은 재산상속에 관하여 법정취득(또는 당연취득)의 원칙을 밝히고 있다. 즉 상속이 개시되면 상속인이 피상속인의 모든 권리와 의무를 포괄적으로 승계하는 것으로 민법 제1005조가 규정하고 있다. 반면에 이처럼 상속이 법정원인인 피상속인의 사망에 의하여 당연히 개시되는 것이 아니라, 피상속인의 채권채무를

* 이 글은 家族法硏究 15권 2호 (2001.12) 333면-356면에 게재되어 있음.

정리한 후에 상속이 되는 것으로 하는 법제가 있다. 영미법에서 채택하고 있는 인격대표자에 의한 상속재산의 관리제도와, 오스트리아 법에서 택하는 것처럼 상속재산을 법원이 관리한 후 상속인의 신청에 따라 상속인에게 상속되는 제도가 이에 속한다.[1] 이러한 제도에 의하면, 상속인의 채권자들은 상속재산에서 우선 자기의 채권을 정리하게 되고 상속인들이 의외의 채무를 상속하는 일은 드물다.

그러나 법정취득제도에 따르면 상속인들은 상속재산에 포함되어 있는 피상속인의 채무까지 상속하게 되므로 상속인들은 의외의 채무를 부담하게 되는 일도 생기게 된다. 따라서 이러한 의외의 부담을 없애기 위한 방편으로서 상속의 포기제도가 마련되어 있다.[2] 상속을 포기하게 되면 포기자를 제외한 공동상속인들이 채무를 어떻게 상속할 것인가에 대하여 다툼이 있다.[3] 또 제1순위의 상속인들이 모두 포기한 경우에는 제1순위의 상속인들은 그러한 부담에서 벗어나게 되나, 제2순위 또는 그 후순위의 상속인

1) 이화숙, "채무초과 상속재산에 대한 채권자의 권리와 상속인 보호", 『비교사법』 제4권 1호, 90-97면 참조.

2) 윤진수, "상속채무를 뒤늦게 발견한 상속인의 보호", 『서울대 법학』 38권 3·4호, 1997년, 187-189면에서 프랑스법과 독일법의 경우를 소개하고 있다. 양 법제 모두 법정취득주의를 채택하고 있다.
프랑스 민법의 경우, 상속인이 상속의 단순승인, 한정승인, 포기의 3가지 중 하나를 선택할 수 있으며, 상속재산의 목록을 작성하기 위하여 상속개시부터 3월의 유예기간을 주고 그 기간 내에 목록을 작성하였으면 그 때부터, 목록이 작성되지 않았으면 3월이 경과한 때부터 다시 40일의 유예기간을 주며 이 상속의 승인 포기의 권한은 30년의 시효에 걸린다고 한다. 이 기간의 경과에도 불구하고 승인도 포기도 하지 않으면 포기한 것으로 본다고 한다.
독일 민법의 경우, 일정한 포기기간을 주고 기간 경과시에는 승인한 것으로 간주하지만, 상속인은 상속재산의 관리나 상속재산의 파산을 신청할 수 있고 이 절차가 개시되면 상속인의 상속채무에 대한 책임은 상속재산에 한정된다고 한다. 상속인이 상속재산의 관리나 상속재산의 파산을 신청할 수 있는 시기에는 제한이 없다고 한다.

3) 곽윤직, 『상속법』, 박영사, 1997년, 326-329면 참조.

들은 그야말로 의외의 부담을 지게 되는 결과가 될 수도 있다. 후순위 상속인들이 그러한 부담에서 벗어나려면 선순위 상속인들의 상속 포기에 이어 상속의 포기를 하여야 하는 경우도 생길 수 있다. 뿐만 아니라 경우에 따라 상속채무(피상속인이 부담하였던 채무를 상속인의 채무와 구별하기 위하여 상속채무라 부르기로 한다)를 변제하고 적극재산이 남는 경우가 생길 수도 있다. 이러한 때에는 상속인으로서는 그 남는 적극재산을 상속하려는 의사를 갖는 것이 보통의 예일 것이다. 이러한 때에 상속재산에서 소극재산을 제한 나머지를 상속하는 길이 바로 상속의 한정승인이라는 제도이다. 즉 상속의 한정승인은, 상속인이 상속으로 취득하게 될 재산의 한도에서 피상속인의 채무와 유증을 변제할 것을 조건으로 상속을 승인하는 의사표시이다.[4] 상속의 한정승인에 의하여 상속인은 상속채무에 대한 무한책임에서 벗어나 상속재산의 범위 내에서 상속채무를 책임지는 유한책임을 부담하게 된다.

이러한 상속의 한정승인은 일정기간 내에 하여야 그 효력이 인정된다. 이를 고려기간이라고 한다. 하지만 이 고려기간의 기산점에 대하여 논의가 많고 또한 그 기간의 단기성 때문에 상속채무를 부담하게 된 상속인의 이의 제기도 많았다. 또 피상속인의 채권자가 상속개시를 알면서도 상속인에 대하여 청구를 하지 않다가 상속인이 단순승인을 하거나 또는 단순승인이 의제되는 법정단순승인사유가 생기기를 기다려 상속인에게 상속채무의 변제를 청구하는 경우에 상속인으로서는 이러한 채무에서 벗어날 방법이 없었다. 이러한 부당성을 제거하기 위하여 헌법재판소는 헌재 1998.8.27. 선고 96헌가22, 97헌가2 · 3 · 9, 96헌바81, 96헌바24 · 25(병합) 결정에 의하여, 민법 제1019조 제1항의 고려기간 내에 상속인이 한정승인 또는 포기를 하지 아니하면 상속인이 단순승인을 한 것으로 본다고 규정하는 민법 제1026조 제2호는 헌법에

4) 상게서, 313면.

위반된다는 불합치결정을 하였고, 이 규정을 입법자가 1999.12.31.까지 개정하지 않으면 2000.1.1.부터 그 효력을 상실한다고 하였다. 결국 이때까지 이 조항은 개정되지 않았고 따라서 그 효력이 상실되었다. 그러므로 이번에 민법의 일부개정에 의하여 민법 제1019조 제3항과 제1026조 제2호가 신설되기까지 일종의 법의 공백상태가 있은 셈이었다.[5] 따라서 개정법률에서 경과규정을 둔 것은 타당한 태도이다.[6]

그러나 개정법률도 종전의 태도를 기본으로 하고 있으므로 규정의 해석에 있어서 여전히 문제점을 많이 갖고 있다. 즉, 한정승인의 기산점에 대하여 여전히 논란의 여지가 있으며, 또한 한정승인 조항의 개정에 의해서도 여전히 그 기간의 장단 여부에 대하여 논의가 있을 수 있으며, 또 단순승인의 효과가 이미 발생하였던 것이 어떠한 취소절차도 없이 그 효력이 소멸하고 다시 한정승인을 할 수 있는 근거는 무엇인지 등에 대하여 논의가 이루어질 수 있다.

이 연구를 함에 있어서 개정 이전에 논의되었던 것을 다시 한번 살펴볼 필요가 있다. 왜냐하면 개정 조항은 종전 규정을 완전히 무시하고 한정승인의 효력을 새로 정하거나 또는 한정승인의 방법을 달리한다거나 한 것이 아니라, 단순히 특별한정승인제도를 도입하여 종전의 규정에서 많이 문제되었던 부분을 손질한 것에 불과한 것으로 법규정의 취지에 있어서 근본적인 개혁이 있었

5) 개정법률안은 당초 1998년 7월 20일 입법예고되어 있던 내용 중에서 일부만이 2000년 10월 16일 국회에 제출되어 이 글을 발표할 당시(2001년 3월)에는 법률안으로 성립되어 있었고, 2001년 12월 20일 국회를 통과하여 2002년 1월 14일 법률 제6591호로 공포되어 당일부터 시행되었다. 제1026조 제2호는 본문에서 말한 바와 같이 2000.1.1.부터 그 효력을 상실하게 되어 이번 개정에서 다시 신설하는 형태로 나타나게 된 것이다.

6) 윤진수, "특별한정승인제도의 소급적용에 관한 소고", 『법률신문』 1999.2.18.에서 부칙 제2조의 개정법률의 소급효를 원칙적으로 부정하는 태도를 비판하였고 이러한 문제점을 해결하기 위한 방책으로서 경과규정을 둘 것을 제안하였다.

다고는 할 수 없기 때문이다. 따라서 상속제도에 획기적인 변혁이 있는 것도 아니며 상속재산의 정리에 있어서 혁명적인 변화가 있는 것도 아니다. 그러므로 종전에 논의가 되었던 사항들 중 거의 대부분이 현재에도 논의가 될 수 있다. 그런 점에서 개정 전에 논의되었던 점들을 다시 한 번 살펴본 후 개정법에 대하여 평가를 하고자 한다. 그리고 개정법에서도 여전히 논의될 수 있는 사항들을 다시 검토하고자 한다.

2. 限定承認의 制度的 意義

상속에 있어서 법정취득을 취하는 이상 이러한 한정승인의 필요성은 인정될 수밖에 없다. 로마법의 고전법 시대 이전에는 피상속인의 家에 속하는 자에게 상속이 강제되었고 한정승인은 인정될 여지가 없었다고 한다.[7] 고전법 시대에는 노예를 제외한 필연상속인에게 법무관에 의하여 상속거부권이 인정되었으나 실제로는 그 효과가 오늘날의 상속재산의 분리와 유사하였다고 한다. 그러나 피상속인의 家에 속하지 않는 임의상속인은 상속을 처음부터 거부할 수 있었기 때문에 일단 상속이 개시되면 상속을 포기할 수 없었다고 한다. 相續開始 時에 상속재산을 평가한다는 일은 지금이나 그때에나 여전히 어려운 일이었으므로 의외의 채무를 상속하게 되는 임의상속인들이 많았다고 한다. 이러한 불편을 덜기 위하여 유스티니아누스 대제 때에 재산목록의 이익(beneficium inventarii)을 조건으로 하는 상속제도를 인정하게 되었다고 한다.[8] 즉 일종의 한정승인제도를 인정하게 된 것이다.

로마법시대에는 家를 중심으로 하는 법사상이 지배하였으므로 거래상 家가 단위가 되었고 따라서 피상속인이 남긴 채무 역시 그

---

7) 이태재, “한정승인채무와 보증인의 책임”, 『법정』 21권 12호(1966.12) 35면.

8) 곽윤직, 전게서, 331면 참조.

家의 채무이므로 그 家를 승계하는 자가 포괄적으로 인수하는 것이 타당한 것이었다. 그러나 재산관계가 분화하여 개인을 중심으로 이루어지는 오늘날에 와서는 이렇게 家를 중심으로 생각하는 것은 타당하지 않게 되었다. 따라서 상속의 법정취득제도에서도 이러한 측면을 고려하지 않을 수 없게 된 것이다. 피상속인과 거래한 사람들은 자신의 거래상대방이 피상속인이므로 피상속인의 책임재산을 기초로 한 신뢰성을 판단하여 거래하는 것이고 상속인의 재산을 거래판단의 기초로 할 이유가 없는 것이다. 뿐만 아니라 상속인과 거래하는 사람들은 상속인의 책임재산을 거래의 판단기초로 하는 것인데 예상하지 못한 피상속인의 채권자들이 상속인의 책임재산에 집행권을 행사함으로써 자기들의 채무자인 상속인의 책임재산에 변동이 생긴다는 것은 공평하지 않은 일이다.[9)]

채권자는 자기의 채무자에게만 자기의 채권을 행사할 수 있다는 채권의 일반원칙에 따르는 해결책이면서도 상속재산은 상속인에게 귀속된다는 것이 필요한데 그것이 바로 상속의 한정승인인 것이다. 즉 한정승인은 상속인을 보호하면서(위 Ⅰ. 1에서 본 바와 같이) 또 한편으로는 자기의 채무자의 책임재산으로부터 자기의 채권을 확보할 수 있도록 함으로서 상속채권자 및 상속인의 채권자의 이익도 보호하는 것이 된다.

아래에서는 한정승인의 일반적 효과를 먼저 개관하고 한정승인에 있어서 실제로 가장 의미가 깊은 고려기간을 중심으로 논의하고자 한다.[10)]

---

9) 이화숙, 주1) 78-79면에서는 상속채권자로서는 자기의 채무자인 피상속인의 재산상태와 신용을 담보로 부여한 [위험]을 각오하고 채무자에게 신뢰를 준 것이므로 채무자인 피상속인이 사망함으로써 그 [위험]이 발생한 경우에는 상속재산을 그의 채권의 대상과 한계로 하는 것이 합리적이며 변제받지 못하는 부분은 [위험]의 몫으로 보아야 한다고 한다. 또한 80면에서 이러한 경우에 피상속인의 채무를 상속인의 재산으로써 책임지우는 것은 형평의 법리에 어긋난다고 한다.

10) 여기서는 한정승인의 절차와 청산절차에 대하여는 논의하지 않기로 한다.

Ⅱ. 限定承認의 效果

1. 物的 有限責任

상속인이 한정승인을 하게 되면 상속재산의 한도에서만 상속채권자 및 수증자(이하에서는 간단히 상속채권자라고만 한다)에게 책임을 지게 된다. 즉 상속인은 상속채권자에게 자기의 고유재산으로서 책임을 지는 것이 아니라 오로지 상속재산의 범위 내에서 책임을 지게 된다. 상속채무는 전액을 상속하지만 책임은 상속재산의 범위에서만 부담하게 되는 것이다. 따라서 상속인이 스스로 자기의 고유재산으로 책임을 지겠다고 하면 그것은 자기의 채무의 변제가 되어 유효한 변제가 되고 비채변제가 되는 것이 아니다.[11] 즉 상대방인 상속채권자는 부당이득을 하는 것이 아니다. 그러나 상속인이 자기의 고유재산에 의하여 책임을 지지 않는다고 하는 경우에는 상속채권자로서는 상속인의 책임재산에 대하여 집행을 할 수 없는 것이다.[12] 만약 상속인이 한정승인을 하였고 채무명의가 상속채무를 상속재산만으로 이행하라는 취지의 책임제한판결이 났는데도 상속인의 고유재산에 대하여 강제집행을 한다면 위법한 강제집행이므로 상속인은 민사소송법 제504조에 의하여 집행에 관한 이의를 제기할 수 있다.[13] 또 한편으로는 상속

이 사항에 대하여는 박광천, "상속의 한정승인", 『상속법의 제문제』(재판자료집 제78집) 577-583, 594-617면에 상세히 기술되어 있다.

11) 곽윤직, 전게서, 318-319면.

12) 상속채권자가 한정승인한 상속인을 상대로 채무이행의 소를 제기한 경우 판결문을 어떻게 작성할 것인가(책임 제한의 취지를 어떻게 기재할 것인가, 채무명의에 기재할 것인가 아니면 집행문에 기재할 것인가), 책임의 범위도 소송물인가 등의 문제가 있는데 이들에 대하여는, 조대현, "한정승인의 항변", 『민사소송』 한국민사소송법학회지 제1권 (1998.01), 144-149면에서 상세히 다루고 있다.

13) 『주석 강제집행법(I)』 82면(박우동 집필부분).

인은 고유재산에 대한 강제집행에는 복종할 지위에 있지 않으므로 고유재산에 대한 권리를 내세워 민사소송법 제509조에 의하여 제3자 이의소송을 제기함으로써 강제집행을 배제할 수 있다.[14)] 상속채무의 이행소송의 변론종결 전에 상속인이 한정승인의 항변을 주장할 수 있었음에도 불구하고 항변을 하지 않아서 책임제한의 심판이 없었던 경우에는 견해가 갈라지고 있다.[15)] 그러나 상속채무의 보증인이나 중첩적 채무인수인은 그 책임이 한정되는 것이 아니다.[16)]

2. 相續財産과 相續人의 固有財産의 分離

상속인이 한정승인을 한 때에는 피상속인에 대한 상속인의 재산상 권리의무는 소멸하지 않으므로(민법 제1031조) 피상속인의 권리의무는 상속인에게 귀속된다. 그러나 상속인이 피상속인에 대하여 갖고 있던 채권 채무는 상속에 의하여 혼동되어 소멸하는 것은 아니다. 만약 혼동으로 인하여 소멸한다고 해석한다면 상속인의 채권이 소멸하게 되어 상속인이 부당하게 손해를 보거나, 상속인의 채무가 소멸하게 되어 상속채권자들이 부당하게 손해를 보게 되는 결과가 된다. 따라서 상속채무의 범위를 상속재산에

---

14) 상게서, 82면.

15) 기판력 긍정설에서도 일부 견해에 차이가 있다. 무제한 기판력을 인정하는 견해와 변론종결 전에 한정승인한 경우에만 기판력이 차단된다고 하는 견해, 변론에서 한정승인의 항변을 제출하지 않았으나 상속채권자가 한정승인을 알고 있었다면 권리남용으로서 청구이의사유가 된다는 견해 등이 있다.
기판력부정설은 한정승인에 의한 책임제한은 집행대상을 제한하는 것으로서 채무의 존재범위의 확정에는 관계가 없고 집행단계에서 비로소 문제로 되는 것이므로 이를 판결절차에서 항변으로 주장하지 않고 사후에 강제집행단계에서 주장하여도 좋다고 한다(조대현, 주12) 전게논문, 154-164면) 우리 나라에서는 후자가 다수설이다.

16) 박광천, 전게논문 주10), 584면.

한정하려는 한정승인의 취지에 반하는 결론을 가져오게 되므로 민법 제1031조에서 이러한 규정을 함으로써 혼동에 의한 권리 소멸의 예외를 규정하여 상속재산과 상속인의 고유재산을 분리하여 상속재산을 특별재산으로 다루도록 한 것으로 보인다. 따라서 상속인은 상속재산에 대하여 제3자의 지위에 있게 된다.[17]

3. 相續財産의 管理

한정승인을 한 경우의 상속재산의 관리에 대하여 민법은 따로 규정을 두고 있지는 않다. 상속인이 상속개시 있음을 안 날로부터 3월의 고려기간 내에 승인 또는 포기를 할 수 있기 때문에 상속의 개시로 상속인이 상속재산을 포괄적으로 승계하더라도 상속인이 상속재산의 확정적인 주체가 되는 것은 아니다. 따라서 상속인이 확정적으로 상속재산의 주체가 될 때까지는 상속재산의 귀속은 불확정한 부동적 상태에 있게 된다.[18] 이 기간에도 상속재산의 관리는 적절히 이루어져야 하므로 민법 제1022조에서 상속인이 그 고유재산에 대하는 것과 동일한 주의로 상속재산을 관리하도록 규정하고 있다. 그런데 이 조항의 단서에서 단순승인 또는 포기한 때에는 그러하지 아니하다고 규정함으로써 한정승인의 경우를 제외하고 있는데 그 의미는 바로 한정승인의 경우에는 제1022조의 상속재산의 관리가 이루어져야 함을 간접적으로 규정한 것이라고 할 수 있다.[19]

---

17) 곽윤직, 전게서, 319면 참조.

18) 상게서, 303면 참조.

19) 상게서, 320면 참조. 상속재산의 관리에 대하여는 상속의 승인 포기 전의 상속재산의 관리와 같다. 민법 제1022조가 적용된다. 상속재산의 청산절차에 대하여는 민법 제1032조 내지 제1037조, 제1039조가 적용된다. 자세한 내용은 박광천, 전게논문 주 10), 594-620면 참조.

Ⅲ. 限定承認의 考慮期間

1. 考慮期間

우리 민법이 취하고 있는 법정취득제도에 의하면 자신의 의사에 반하여 상속을 받게 되는 경우가 생길 수 있다. 상속재산 중 적극재산보다 소극재산이 더 많은 경우에는 이러한 상속은 상속인에게 부담만 가중시키게 된다. 따라서 법정취득제도를 취하는 나라들에서는 상속인이 이러한 부담에서 벗어날 수 있는 기회를 보장하고 있다. 즉 상속의 포기나 한정승인의 제도가 바로 그것이다. 민법 제1019조 제1항에서 상속인은 상속개시 있음을 안 날로부터 3월내에 단순승인이나 한정승인 또는 포기할 수 있음을 규정하고 있다. 이렇게 상속인이 상속의 승인이나 포기를 할 수 있는 기간을 考慮期間 또는 熟慮期間이라고 한다.

그런데 우리 민법은 이 고려기간을 3월로 한정함으로써 다른 법제에 비하여 상당히 짧고[20] 또한 고려기간을 경과하면 단순승인한 것으로 보기 때문에(제1026조 제2호) 상속인으로서는 의외의 부담에서 벗어나려면 시간의 경과에 대하여 상당한 주의를 기울이지 않으면 안된다.

이러한 곤란을 조금이라도 줄여보려는 의도 아래에서 여러 가지의 해석이 나오고 있다. 아래에서 살펴본다.

2. 考慮期間의 起算點

가. 판례의 태도

대법원은, 민법 제1019조 제1항의 “상속개시 있음을 안 날”의

---

20) 주 2) 참조.

의미를 상속개시의 원인되는 사실의 발생을 알고 또 이로써 자기가 상속인이 되었음을 안 날이라고 한다.[21] 따라서 상속재산 또는 상속채무의 존재를 알아야만 고려기간이 진행되는 것은 아니라고 한다. 당사자가 법률을 알지 못하여 상속의 한정승인이나 포기를 하지 못한 경우에도 동일하게 적용하여야 한다고 한다. 그러므로 민법에 규정된 바의 방식에 의하여 고려기간 내에 한정승인이나 포기를 하여야 하며 그렇지 못한 경우에는 효력이 없으며 민법 제1019조의 의미는 상속인이 고려기간 내에 상속재산의 유무를 조사하고 상속 포기의 여부를 결정하여야 한다는 것이고 상속재산을 안 날로부터 기산하려는 것은 아니라고 한다.[22]

나. 학설

1) 相續人인 事實 認識時說

기본적으로 우리 판례의 입장과 견해를 같이하는 태도이다. 즉 상속개시 있음을 안 날이란 상속인이 상속개시의 사실과 자기가 상속인이 된 사실을 인식한 날이라고 보며 이때부터 고려기간은 기산된다고 한다.[23] 따라서 사실의 오인 또는 법률의 부지로 인하여 자기가 상속인이 된 사실을 인식하지 못하였을 경우에는 이 고려기간은 진행하지 않는다고 한다.[24] 민법 제1019조 제1항의 원래의 취지는, 상속인이 상속개시가 있음을 안 때에는 그 때로

---

21) 대법원 1991.6.11. 91스1 결정(공1991,1925); 대법원 1988.8.25. 88스10, 11, 12, 13 결정(공1988, 1240); 대법원 1986.4.22. 86스10 결정(공1986, 872); 대법원 1984.8.23. 84스17-25 결정(공1984, 1723); 대법원 1969.4.22. 69다232(집17-2, 민54).

22) 대법원 1988.8.25, 88스10, 11, 12, 13 결정(공1988, 1240)

23) 김주수, 『친족 상속법』(제5전정판), 법문사, 1998, 577면.

24) 상게서, 577면. 다만 이에 대하여, 상속재산이나 상속채무의 존재 내지 그로 인하여 자신이 상속의 포기를 할 필요가 있다는 점을 몰랐다는 사정은 고려기간의 기산점에 영향을 줄 수 있는 법률의 착오에 해당하는 것이 아니고, 다만 승인 내지 법정승인을 착오를 이유로 취소할 수 있는가 하는 관점에서 다루어져야 한다고 하는 비판이 있다(윤진수, 전게논문 주2). 204면)

부터 3월의 기간 내에 피상속인의 재산상태를 조사하여 상속을 포기할 것인가 여부를 결정하라는 것이라고 한다.[25] 즉 상속인에게 일종의 상속재산 조사의무를 부여하고 고려기간 내에 그 의무를 제대로 이행하지 아니하여 포기 여부를 명백히 하지 않은 때에는 상속을 승인한 것으로 간주하는 일종의 제재를 부과하는 것이라고 이해하고 있다.[26] 이 견해는 相續財產 認識時說이 법률의 명문규정에 반하고 입법자의 입법정신에 배치된다는 의문이 있다고 한다.[27]

2) 相續財產 認識時說

고려기간은 상속인이 상속개시의 사실과 자기가 상속인인 사실을 아는 외에 적극재산 또는 소극재산의 존재를 안 때로부터 기산하여야 한다고 한다.[28] 왜냐하면 상속인이 상속재산은 없다고 믿고 있는 동안에 승인 또는 포기를 위한 고려를 한다는 것은 무의미하기 때문이라고 한다.[29] 또한 상속재산의 존재를 안다고 하

---

25) 윤진수, 전게논문 주2) 202면.

26) 상게논문, 202면.

27) 상게논문, 203면.

28) 손지열, "민법 제1019조 1항의 고려기간의 기산점", 『민사판례연구 X』 1988, 237면; 곽윤직, 전게서, 298면; 이승우, "법정단순승인에 관한 소고", 『가족법연구』 제11호, 411면; 이화숙, 전게논문 주2) 82-84면.

29) 일본에서는, 고려기간이 상속재산의 조사 및 고려를 위한 것이기는 하지만 적극재산 소극재산이 많이 존재하여 조사하지 않으면 그 전모를 알 수 없는 경우를 상정한 것으로서 채무의 전부 또는 대부분이 채무만인 경우에는 이 고려기간은 오히려 실권기간이라고 보는 것이 사정에 맞는데 실제에 있어서는 채무의 조사는 상당히 곤란하고 일반적으로 청산절차에서는 알려진 채권자와 알려지지 않은 채권자를 구분하여 알려지지 않은 채권자에게는 스스로 일정 기간 내에 신고할 것을 요구하고 그렇지 않으면 불이익을 부과하는데, 상속에 있어서는 오히려 알려지지 않은 채권에 대하여 상속인이 기간 도과로 인한 불이익을 부담한다는 것은 공평성이 없는 것이라고 하는 주장이 있다(中田裕康, "民法915條 1項 所定の 熟慮期間の 起算點", 『法學協會雜誌』 제103권 9호(1986) 1875면 이하). 상당히 일리 있는 주장이다. 다만 해석론으로 가능한 것인지 의문이 있다.

는 것은, 사소한 일부의 존재를 안 것으로는 부족하고, 적어도 승인 또는 포기를 위한 고려를 필요케 하는 정도의 적극재산 소극재산의 존재를 안 때에 고려기간이 기산되는 것으로 보아야 한다고 한다.[30] 소극재산의 상속은 상속채권자의 보호를 위한 것이나, 본래 상속채권자는 피상속인의 재산을 담보로 하여 거래한 자이므로, 피상속인이 남긴 재산의 범위에서 그의 채권을 회수하게 하는 것으로 충분하며, 상속인의 고유재산으로 그 변제에 충당하는 것은 부당하다는 생각에서 출발한 것이라고 한다.[31]

3) 절충설

고려기간의 기산점은 원칙적으로는 판례와 마찬가지로 상속인인 사실을 알았을 때이지만 고려기간의 도과가 상속재산이 전혀 없다고 오신한 때문이고 그 오신에 상당한 이유가 있는 때에는 예외적으로 상속재산의 존재를 인식한 때로부터 고려기간을 기산할 것이라고 한다.[32][33]

---

30) 손지열, 전게논문 주28), 237면.

31) 곽윤직, 전게서, 298면.

32) 일본 최고재판소 1984(소화59).4.27. 판결(일본최고재판소 민사판결집 38권 6호 689면). 이 판결은 손지열, 전게논문 주28), 234-235면에 소개되어 있다. 이 판결은, 피상속인의 생활, 피상속인과 상속인과의 교제상태 기타 제반의 상황을 판단하여 상속인이 상속재산의 유무의 조사를 하는 것을 기대하는 것이 현저히 곤란한 사정이 있어서 상속재산이 전혀 존재하지 않는다고 믿은 것에 상당한 이유가 있다고 인정되는 때에는 상속재산의 유무를 안 때로부터 고려기간을 기산할 것이라고 한다. 일븐 학자들은 이 판결에 대체로 동조한다고 한다(손지열, 전게논문, 235면).

33) 독일민법에서 상속포기기간의 기산점인, 상속인이 상속재산의 이전을 안 때란, 그 이전의 근거가 되는 사실(피상속인의 사망이나 실종선고 : 피상속인의 친족관계나 부부관계)을 안 때라고 하면서도, 법률에 대한 전문가가 아닌 일반인이, 상속재산이 채무초과이거나 적어도 적극재산이 없다고 믿었다면, 이는 독일민법 제1944조의 상속포기기간의 진행에 장애가 될 수 있다고 한다(윤진수, 전게논문 주2), 201면). 이 견해도 역시 일종의 절충설로 볼 수 있다.

다. 소결

우리 민법은 제1019조 제1항에서 상속인은 상속개시 있음을 안 날로부터 3월내에 단순승인이나 한정승인 또는 포기를 할 수 있다고 규정하고, 민법 제1026조 제2호에서 이 기간 내에 한정승인이나 포기를 하지 아니한 때에는 단순승인한 것으로 보고 있다. 즉 우리 민법의 태도는 상속인이 상속채권과 상속채무를 승계하는 것이 원칙이라고 보는 것이다. 상속의 한정승인이나 포기를 통하여서만 상속인은 이러한 구속관계에서 벗어날 수 있다. 법정취득주의를 택하는 다른 입법례에서도 이러한 탈출구를 통하여 상속인이 상속채무에서 해방되는 것을 볼 수 있다.[34] 다만 이러한 탈출구가 상속인이 원한다면 언제나 열리는 것이냐 아니면 제한시간에만 열리는 문인가 하는 차이가 있을 뿐이다. 프랑스민법에서는 상속인에게 우리 민법상의 고려기간에 해당하는 3월 또는 그에 더하여 40일의 유예기간을 줄뿐만 아니라 이 기간이 경과하더라도 상속인은 상속이 개시된 때로부터 30년의 기간 동안에는 승인 또는 포기 여부를 결정할 수 있다.[35] 독일민법의 경우 우리의 고려기간에 해당하는 것으로, 상속인이 상속재산의 이전과 상속인 지정사유를 안 때부터 6주간의 기간을 주어 포기 여부를 결

34) 앞의 주 2)에서도 본 바와 같이 프랑스나 독일 모두 상속인이 상속채무에서 벗어날 수 있는 일정한 탈출구가 있다.

35) 프랑스민법에서는 상속인이 상속재산의 목록을 작성하도록 상속개시된 때로부터 3월의 유예기간을 주고 이 기간 안에 상속재산의 목록을 작성하였으면 목록 작성시로부터 40일의 유예기간을 주고 3월내에 목록을 작성하지 못하였으면 3월이 경과한 때부터 40일의 유예기간이 주어져 상속을 승인할 것인지 아니면 포기할 것인지를 결정할 여유를 가질 수 있으며(프랑스민법 제795조) 이 40일의 기간이 경과하더라도 승인 또는 포기를 할 권한이 30년의 시효에 걸리므로(동 제789조) 상속인은 상속이 개시된 때로부터 30년의 기간 동안에는 승인 또는 포기 여부를 결정할 수 있다고 한다. 이 30년이 경과하도록 승인도 포기도 하지 않았으면 논란은 있으나 판례는 상속인이 포기한 것으로 본다고 한다(윤진수, 전게논문 주2), 187-188면).

정하게 하고 있다. 이 기간의 경과로 상속인은 더 이상 상속을 포기할 수 없게 된다.[36] 독일민법에서는 한정승인에 해당하는 제도가 없다. 그러나 상속인은 상속재산의 관리나 상속재산의 파산제도에 의하여 상속인은 그러한 구속에서 벗어날 수 있다.[37] 상속인이 이러한 제도를 이용하는 데에는 시기의 제한이 없다.

결국 법정취득제도를 택하고 있는 나라들에서는 상속에 관한 한 로마법 상의 "家"를 중심으로 하는 사고와 제도는 이미 흔적을 감추었으며, 또한 채권 채무의 귀속에 관하여 개인책임주의를 어느 정도 충실히 따르고 있는 것을 알 수 있다. 그런데 우리 나라와 일본에서는 일정한 고려기간이 경과하면 단순승인으로 간주되어 피상속인의 채권관계를 그대로 상속인에게 귀속시키게 된다. 즉 단순승인을 원칙으로 한 것이 되고 그러한 부담에서 벗어나기 위한 예외적인 조치로서 한정승인이나 포기가 있는 것을 알 수 있다.

한편 상속재산의 파산에 대하여는 우리나라나 일본이나 민법에서 규정하지 않고 파산법에서 규율하고 있다(한국 제119조, 일본 제129조). 즉 상속재산으로써 상속채권자 및 수유자에 대한 채무를 완제할 수 없는 때에는 법원은 신청에 의하여 결정으로써 파산을 선고하게 된다. 이 파산신청은 민법 규정(일본 제941조, 한국 제1045조)에 의하여 재산분리의 청구를 할 수 있는 동안(상속개시시부터[38] 3월 내)에 한하여 할 수 있고 그 기간 내에 한정승인이나 재산의 분리가 있는 경우에는 상속채권자 및 수유자에 대한 변제가 아직 종료하지 않은 때에도 할 수 있다(한국파산법 제121조, 일본파산법

---

36) 윤진수, 전게논문 주2), 188-189면.

37) 상속재산의 관리 또는 상속재산의 파산절차가 개시되면, 상속인의 채무는 상속재산에 한정된다(독일민법 제1975조).

38) 이때의 相續開始時는 앞에서 相續財産認識時說을 취하는 입장에서도 상속 개시 있음을 안 날이 아니라 피상속인의 사망 기타 상속개시의 원인이 발생한 때를 기산점으로 한다고 한다(곽윤직, 전게서, 334면).

제131조) 다만 일본의 경우 상속재산이 상속인의 고유재산에 혼합되지 않은 때에는 위 기간의 경과 후에도 상속재산의 파산신청을 할 수 있다. 한국의 경우 민법 제1045조 제2항에 의하여 상속인이 상속의 승인이나 포기를 하고 있지 않은 동안은 고려기간이 경과한 때에도 할 수 있다고 하지만 민법 제1026조 제2호의 규정에 의하여 고려기간이 경과하면 단순승인한 것으로 간주되므로 결국 제1019조의 고려기간에 한하여 파산신청도 가능하다고 보아야 할 것이다.[39] 따라서 우리 법의 태도가 다른 법정취득주의를 택하는 나라들의 입법에 비하여 상속인에게 가장 불리한 것을 알 수 있다.

또한 이렇게 다른 입법례에 비하여 보다 넓은 범위에서 상속인에 대하여 상속채권자들이 상속채권을 행사할 수 있게 한 태도는 반면 상속인의 채권자에게도 불리하게 작용하게 된다. 즉 상속인의 채권자와 상속채권자를 같은 지위에 놓지 않고 후자를 전자에 비해 더 우월한 지위에 놓고 있는 것이다. 상속인들이 상속에 대하여 한정승인이나 포기를 하여 그 구속에서 벗어날 수 있는데 반하여 상속인의 채권자들은 오로지 상속재산의 분리만을 청구할 수 있을 뿐이고 상속인으로 하여금 상속재산에 대하여 한정승인이나 포기를 하게끔 강제할 수도 없다. 그리고 상속재산의 파산신청도 할 수 없다.[40] 따라서 상속인에 비하면 부차적이긴 하지만 상속채권자와 상속인의 채권자와의 형평성도 우리 민법은 고려하지 않은 것으로 보인다.

그렇다면 우리 민법상의 3월이라는 고려기간이 짧아서 부당하다고 볼 수도 있는데 그렇다면 그 기간을 얼마로 늘리면 적당할까? 설혹 고려기간을 5년으로 늘리더라도 그 후에 피상속인의 채권자가 채권을 행사한다면 상속인은 그것을 막을 수 없을 것이다.

---

39) 윤진수, 전게논문 주2), 191면.

40) 상속재산의 파산신청권은 상속채권자, 수유자, 상속인, 상속재산관리인, 유언집행자 등에게 있다(파산법 제126조).

상속개시 있음을 안 날을, 상속인이 상속개시의 사실과 자기가 상속인이 된 사실을 인식한 날로 보는 견해(相續人인 事實 認識時說)는 결국 이러한 문제들을 전혀 해결하지 못한다.[41] 반면에 상속인이 상속개시의 사실과 자기가 상속인인 사실을 아는 외에 적극재산 또는 소극재산의 존재를 안 때라고 보는 견해(相續財産 認識時說)에 의하면 이러한 기간계산에서의 불리함을 배제시킬 수 있을 것이고 다른 입법례와의 형평성도 유지할 수 있을 것이다. 그러나 이 견해에 의한다면 법조문의 해석이 아니라 일종의 입법을 하는 것이 된다. 절충설은 相續人인 事實 認識時說을 기초로 하고 그 부작용을 相續財産 認識時說에 의하여 조절하자는 견해이나 역시 해석의 한계를 벗어나는 것이 된다. 따라서 법의 개정이 뒤따르지 않으면 안되는 사항이 된 것이다. 더군다나 고려기간 내에 한정승인 또는 포기를 하지 않으면 제1026조 제2호에 의하여 단순승인한 것으로 보는 것은 헌법 제10조 제1항에 위반되

41) 상속인이 상속재산 중 적극재산을 초과하는 상속채무가 있음을 알지 못하여 고려기간 내에 상속의 포기 등을 하지 못하였고 그로 인하여 민법 제1026조 제2호에 의하여 법정단순승인의 효과가 발생한 후에 뒤늦게 상속채무가 있음을 알게 된 때에는, 착오를 이유로 위 법정단순승인을 취소하고, 상속의 한정승인이나 포기를 함으로써 자기의 고유재산으로 상속채무를 변제하는 부담에서 벗어날 수 있다는 견해가 있다(윤진수, 전게논문 주2), 210면 이하). 그러나 의사표시가 아닌 이 경우에도 취소가 가능한 것인지 의문이다. 단순승인의 의사를 표시한 경우가 아니고 법 규정에 의하여 단순승인의 효과를 주고 있는 때에도 의사표시의 착오에 있어서의 취소와 같이 다룰 수 있을지 의문이다. 이 견해에서는 실제로 단순승인의 의사표시를 한 자보다 법에 의하여 단순승인이 의제된 자가 더 불리한 처지에 놓이는 것은 곤란하므로 법정단순승인이 있더라도 단순승인의 의사표시가 있는 것과 마찬가지로 보아 취소를 인정할 수 있어야 한다고 한다(윤진수, "상속법 개정안의 과제와 문제점", 『인권과 정의』 1998.9. 통권 제265호, 9면 이하). 그러나 의사표시의 착오 규정을 적용하려면 의사표시가 있어야 한다. 물론 이 견해는 의사표시의 간주가 되는 의사표시의 부작위에 대하여 착오 규정을 유추적용할 것이라고 한다(윤진수, 전게논문 주2), 213-218면). 착오의 형태를 인정한다고 하더라도 그 외의 사유(예를 들면 강박에 의한 경우, 법률의 무지로 인한 고려기간의 해태)에 대하여 마찬가지의 구제가 가능한지는 의문이다.

는 것으로 헌법재판소가 판단하여 2000년 1월 1일부터는 효력을 상실하였다.[42] 항을 바꾸어 살펴본다.

3. 개정법률의 검토

가. 개정법률의 내용

제1019조 제3항을 신설하여 이제까지 판례의 입장에 따라 제1019조 제1항의 고려기간의 기산점인 '상속개시 있음을 안 날'이란 상속인이 상속개시의 사실과 자기가 상속인이 된 사실을 인식한 날이라고 보며 이때부터 고려기간은 기산된다고 보는 견해의 문제점, 즉 상속인이 피상속인의 재산상태를 쉽게 파악할 수 없는 경우가 많고 본인의 의사에 의하지 아니하고 타인의 채무를 부담하는 것은 불합리하다는 비판을 수용하여, 상속인이 자신에게 상속되는 채무가 그 적극재산을 초과하는 사실을 중대한 과실 없이 알지 못하고 단순승인한 경우(민법 제1026조 제1호 및 제2호의 규정에 의하여 단순승인한 것으로 보는 경우를 포함) 그 사실을 안 날로부터 3월 내에 다시 한정승인을 할 수 있도록 개선하였다고 한다.[43] 이를 특별한정승인이라고 부르는 견해도 있다.[44] 또 경과규정으로 1998.5.27.부터 이 법 시행 전까지 상속개시가 있음을 안 자 중 상속채무가 상속재산[45]을 초과하는 사실을 중대한 과실 없이 제1019조 제1항의 기간 내에 알지 못하다가 이 법 시행 전에 그 사실을 알고도 한정승인 신고를 하지 아니한 자는 이 법 시행

---

42) 헌재 1998.8.27. 96헌가22, 97헌가2 · 3 · 9. 96헌바81, 98헌바24 · 25(병합) (헌재판례집 10-2, 339-363면).

43) 법무부 공고 제1998-21호(관보 제13959호, 1998.7.20).
2000.10.16. 이 개정안은 정부제안 의안번호 160214호로 국회에 제출되어 2001.12.20. 국회 본회의를 통과하였다. 그리고 2002.1.14. 법률 제6591호로 공포되어 당일부터 효력이 발생하였다.

44) 윤진수, 전게논문 주6)

45) 이것은 상속재산 중 적극재산을 의미하는 것으로 보인다.

일로부터 3월내에 제1019조 제3항의 개정규정에 의한 한정승인을 할 수 있다고 한다.[46]

이 개정법률의 특징은 종래 고려기간의 기산점의 해석을 통하여 문제를 해결하려던 입장(相續財産 認識時說)을 상당히 받아들인 점이다.[47]

나. 개정법률의 평가

이 개정법률에서는 고려기간이 지난 후에 상속의 포기가 아닌 한정승인만을 할 수 있게 하고 있다. 이러한 태도를, 상속인의 책임은 한정승인을 원칙으로 하여야 한다는 이른바 한정승인 본칙론에 입각한 것으로 평가하는 견해가 있다.[48] 개정법률의 이러한 태도는 상속 포기 후의 연속되는 후순위 상속인의 상속의 승인 또는 포기에 따른 번거로운 절차를 피할 수 있다는 점에서 타당한 것으로 보인다.

그러나 개정법률은 여러 문제점을 갖고 있다는 비판이 있다. 그 중 하나는 채무초과의 사실을 알지 못한 경우에 한정하고 있는 점이다.[49] 따라서 법률의 부지, 예를 들면 고려기간의 장단, 고려기간 경과의 법적 의미 등에 대한 착오로 인하여 고려기간을 경과한 자는 법적 보호의 밖에 있다는 것이다. 그 외에 법적 제도에 대하여 기망을 당하여 고려기간을 경과한 자도 보호받을 수 없다는 비판을 한다. 하지만 전자의 경우 일반적으로 법률의 부지는 보호받지 못하므로 이 경우에만 예외적으로 보호의 손길을

---

46) 부칙 제3조.

47) 일부 견해는 이 개정안이 종래의 판례의 태도를 유지하면서 착오의 이론으로 문제를 해결하려던 견해(주38)를 응용한 것이라고 본다(정태호, “민법 제1026조 제2호에 대한 헌법불합치결정에 대한 평석 및 위 법률규정의 개정방향”, 인권과 정의, 1998.11. 통권 제267호, 114면).

48) 윤진수, 전게논문 주41), 19면.

49) 정태호, 전게논문, 주47), 114-115면.

줄 수는 없다고 본다. 그리고 후자의 경우 그 기망한 자를 상대로 상속인이 손해배상을 청구하여 보호받을 수 있으므로 한정승인의 보호를 다시 줄 이유는 없다고 본다.

또 통상의 고려기간이 경과한 후 한정승인의 요건으로서 상속인에게 채무초과의 사실을 알지 못한 데에 중대한 과실이 없을 것을 요구하고 있는데 상속재산이 전혀 없다고 상속인이 믿었을 것을 요건으로 하지 않은 점은 의문이라는 비판이 있다.[50] 그러나 상속재산이 전혀 없다고 상속인이 믿었을 것을 요건으로 한다면 어느 정도의 상속채무는 승계하고 자신이 피상속인의 채무를 변제하려는 상속인은 보호받지 못한다.

그리고 민법 제1026조 제2호에 의하여 일단 단순승인의 효과가 발생하였던 것이 왜 번복되는 것인지에 대한 이론적인 설명이 있어야 한다는 비판도 있다.[51] 그 이론적인 근거를 이 비판에서는 착오로 인한 취소에서 찾고 있다. 그리하여 상속인이 상속재산의 처분행위를 하거나 또는 고려기간의 경과에 의하여 단순승인의 효과가 발생한 후에 채무 초과 사실을 알게 된 때에는 착오를 이유로 그 단순승인을 취소할 수 있다는 것을 명백히 하자고 주장한다.[52] 이렇게 단순승인의 취소를 규정하는 경우에는 그 취소기간에 관한 제1024조 제2항도 개정하여 승인 또는 포기한 날로부터 1년의 소멸시효를, 승인 또는 포기한 날로부터 적어도 5년 이상의 제척기간으로 변경하여야 한다고 한다.

위 견해에서는, 상속채무의 존재를 몰랐던 상속인은 개정법률에 따라 한정승인을 바로 할 수 있는 것이 아니고 먼저 단순승인이나 법정단순승인의 취소를 하고 그 다음에 한정승인을 하여야 한다는 것인지 불분명하다. 그러나 개정법률은 그러한 취소 없이

50) 윤진수, 전게논문 주41), 20면.

51) 상게논문, 20면.

52) 상게논문, 21면.

바로 한정승인을 할 수 있게 규정하고 있다. 상속인의 상속재산에 대한 이 두 번째의 의사표시에 의하여 전에 했던 단순승인 또는 법정단순승인의 효력이 없어진다. 물론 그 두 번째의 태도표명을 일종의 착오에 의한 취소와 동시에 하는 새로운 의사표시라고 볼 수도 있겠지만 그것은 너무 인위적이다. 따라서 제한된 요건 아래 인정되는 두 번째의 의사표시에 의하여 첫 번째의 의사표시에 따른 법률효과가 법 규정에 의하여 소멸하고(법정효과), 두 번째의 의사표시에 따른 법률효과가 생기는 것으로 처리하는 것이 간명하다. 또 제1024조의 개정의견에 따라 5년 이상으로 변경하더라도 그 후에 나타나는 악의의 채권자에 대하여는 대항할 수 없음은 분명하다. 따라서 보다 더 원론적인 논의가 필요하게 된다. 물론 이는 해석론의 범위를 넘어 입법론이 된다.

다. 소결

이 개정법률은 종전 규정을 가능한 한 유지하면서 문제를 해결하려는 데서 여러 가지의 문제를 노출시키고 있는 것으로 보인다. 다른 입법례에서 이 문제를 해결하는 태도를 보면, 피상속인의 거래관계와 상속인의 거래관계를 분리하고 또 한편으로는 상속인의 상속권도 보호하려는 태도를 보이고 있다. 피상속인에게 신뢰를 두고 거래한 자는 자기의 거래상대방에 대하여 상당한 관심과 주의를 기울이는 것이 일반적이다. 따라서 채무자인 피상속인이 사망한다는 것은 그 거래관계를 종료시키고 청산하여야 한다는 의미를 가지므로 상속인의 채권자는 이 사건에 긴장하여야 한다. 즉 자기의 거래관계에 위험이 생긴 것이다. 이 위험을 제거하는 것은 원래의 거래당사자가 하여야 한다. 따라서 우리 민법에서처럼 상속인이 승인 여부에 대하여 고민을 하는 것보다 더 큰 고민을 원래의 거래상대방인 피상속인의 채권자가 하여야 한다. 즉 자기의 거래상 현출한 위험의 처리를 어떻게 할 것인가

하는 문제를 고민하여야 하는 것이다. 그러므로 피상속인과 거래한 피상속인의 채권자들이 자기의 채권을 고려기간 내에 신고하도록 하는 것이 오히려 합당한 태도이다. 법원을 매개로 하여 피상속인의 채권자들이 자기의 채권신고를 일정 기간 안에 하도록 하고 상속재산에서 그 채무들을 정리한 후에 잔여재산을 상속인이 승계하도록 하는 것이 타당하다. 상속재산에 일종의 특수한 법적 지위를 주는 것도 한 방법이다(일종의 재단으로 구성) 상속재산이 상속채무를 완제하기에 부족한 때에는 파산신청을 하도록 하여 청산하도록 하는 것이 좋을 것이다.

또 하나의 방법은 상속재산의 파산신청을 보다 쉽게 하는 것이다. 즉 고려기간으로 신청기간을 제한해서는 이 제도의 의미가 반감되므로, 파산신청을 할 수 있는 기간을 최대한 열어 놓는 것이 해결책이 될 것이다.[53)]

Ⅳ. 結論

우리 민법은 재산상속에 대하여 법정취득의 원칙을 택하고 있어서 상속의 개시로 인하여 상속인은 피상속인의 채권과 채무를 모두 상속하는 것으로 되어 있다. 피상속인의 소극재산이 적극재산보다 많은지 적은지 상속인으로서는 알 수 없는 경우도 있고, 상속인이 알지 못하는 피상속인의 채권자, 즉 상속채권자가 뒤늦게 나타나는 경우도 있다. 따라서 상속인으로서는 예기치 못한 채무를 상속하게 되는 경우도 있게 된다. 이를 피하기 위한 방책으로서 상속인은 한정승인을 하여야 하나 한정승인을 위한 고려기간은 짧다. 물론 법의 개정에 의하여 상속채무를 뒤늦게 발견한 상속인이 보호받는 길이 열렸다.

---

53) 윤진수, 전게논문 주2), 188-189면.

그러나 법이 개정되기는 했지만 상속재산의 정리가 끝난 뒤에 나타난 상속채권자 때문에 상속재산을 둘러싼 정리는 다시 이루어져야 하므로 결국 거래의 안전에 손상을 가져오게 되는 경우가 자주 생길 것이다.

따라서 이러한 문제들을 해결하는 길은 다시 입법의 길을 통하여 찾아야 할 것이다. 피상속인에게 신뢰를 두고 거래한 자는 자기의 거래상대방인 피상속인에 대하여 상당한 관심과 주의를 기울이는 것이 일반적이며, 자기의 채무자인 피상속인의 사망은 그 거래관계를 종료시키고 청산하여야 한다는 의미를 갖는다. 즉 자기의 거래관계에 위험이 생긴 것이다. 이 위험을 제거하는 것은 원래의 거래당사자인 상속채권자가 하여야 한다. 따라서 우리 민법에서처럼 상속인이 상속의 승인 여부에 대하여 고민하는 것보다 더 많은 고민을 원래의 거래상대방인 그가 하여야 한다. 그러므로 피상속인과 거래한 피상속인의 채권자들이 자기의 채권을 고려기간 내에 신고하도록 하는 것이 오히려 합당하다. 법원을 매개로 하여 피상속인의 채권자들이 자기의 채권신고를 일정 기간 안에 하도록 하고 상속재산에서 그 채무들을 정리한 후에 잔여재산을 상속인이 승계하도록 하는 것이 타당하다.

제 5 부 민사소송법

제 8 장 所有權移轉登記抹消請求와 眞正名義 回復을 위한 移轉登記請求

[목 차]

[대상판결]

대법원 2003. 3. 28. 선고 2000다24856 판결(공2003, 1052)

[사실관계]

(제1사건)

고경아(제2사건－본 사안－피고)는 녹동농업협동조합에 대하여 A토

---

* 이 글은 인하대학교 법학연구소 법학연구 제6집(2003.12.) 125면-145면에 게재되어 있음.

지에 대한 명의신탁 해지를 원인으로 한 소유권이전등기청구를 제기하고 제2사건(본 사안) 원고에 대하여는 위 조합을 대위하여 소유권이전등기의 말소등기청구의 소를 각 제기하여 승소 판결을 받았다(광주지방법원 87가합50호). 이 판결은 대법원에서 확정되었다.

A 토지에 관한 원고 명의의 각 소유권이전등기를 말소한 다음, 1987. 1. 31.자 명의신탁 해지를 원인으로 하여 자신의 명의로 소유권이전등기를 마쳤다. 그 후 A 토지들 중 일부에서 분할된 토지(이하 B－이 사건 토지－라 한다)에 관하여 피고들 명의의 각 소유권(또는 지분)이전등기가 경료되었으며, 그 중 2필지 토지에 관하여는 피고들 또는 원심공동피고들 명의로 가등기, 압류등기, 근저당권설정등기, 지상권설정등기 등이 각 마쳐졌다.

(제2사건－본 사안)

원고는 위 확정된 소유권이전등기말소소송에서 패소한 당사자로서, 위 확정판결의 승소당사자 및 변론종결 후의 승계인인 피고들을 상대로 위 확정판결의 대상이었던 토지들 중 일부 토지 B에 관한 소유권확인청구와 더불어 진정명의회복을 원인으로 한 소유권이전등기청구 및 근저당권설정등기 등의 말소등기청구를 하였다.

[대법원판결의 요지]

[1] 진정한 등기명의의 회복을 위한 소유권이전등기청구는 이미 자기 앞으로 소유권을 표상하는 등기가 되어 있었거나 법률에 의하여 소유권을 취득한 자가 진정한 등기명의를 회복하기 위한 방법으로 현재의 등기명의인을 상대로 그 등기의 말소를 구하는 것에 갈음하여 허용되는 것인데, 말소등기에 갈음하여 허용되는 진정명의회복을 원인으로 한 소유권이전등기청구권과 무효등기의 말소청구권은 어느 것이나 진정한 소유자의 등기명의를 회복하기 위한 것으로서 실질

적으로 그 목적이 동일하고 두 청구권 모두 소유권에 기한 방해배제청구권으로서 그 법적근거와 성질이 동일하므로 그 소송물은 실질상 동일한 것으로 보아야 한다.

[2] 소유권이전등기말소소송의 승소 확정판결에 기하여 소유권이전등기가 말소된 후 순차 제3자 명의로 소유권이전등기 및 근저당권설정등기 등이 마쳐졌는데 위 말소된 등기의 명의자가 현재의 등기명의인을 상대로 진정한 등기명의의 회복을 위한 소유권이전등기청구와 근저당권자 등을 상대로 그 근저당권설정등기 등의 말소등기청구 등을 하는 경우 현재의 등기명의인 및 근저당권자 등은 모두 위 확정된 전 소송의 사실심 변론종결 후의 승계인으로서 위 확정판결의 기판력은 그와 실질적으로 동일한 소송물인 진정한 등기명의의 회복을 위한 소유권이전등기청구 및 위 확정된 전소의 말소등기청구권의 존재여부를 선결문제로 하는 근저당권설정등기 등의 말소등기청구에 모두 미친다고 한 사례.

[3] 생략

[연구]

Ⅰ. 논의의 출발

眞正名義의 回復을 위한 所有權移轉登記가 허용될 수 있는가, 즉, 眞正한 所有者 아닌 사람이 登記簿上 所有名義人으로 登記되어 있는 경우에 不眞正한 登記名義人(들)의 登記(들)를 抹消하는 대신 不眞正한 현재의 登記名義人으로부터 眞正한 所有者 앞으로 所有權移轉登記를 함으로써 眞正한 所有者의 登記名義를 回復할 수 있는가? 이 問題에대하여 大法院 1990.11.27 宣告 89다카12398 全員合議體判決이 이를 긍정한 이후 같은 취지의 大法院判決이

여럿 나옴으로써 判例上 肯定說이 확립되는 것처럼 보였으나, 大法院 2001.9.20 宣告 99다37894 全員合議體判決로 그 견해를 180도 바꾸었다. 즉, 抹消登記에 갈음하여 허용되는 眞正名義回復을 원인으로 한 所有權移轉登記請求權과 無效登記의 抹消請求權은 모두 眞正한 所有者의 登記名義를 回復하기 위한 것으로서 實質的으로 그 目的이 同一한 두 請求權 모두 所有權에 기한 妨害排除請求權으로서 그 法的 根據와 性質이 同一하므로 그 訴訟物은 同一한 것으로 보아야 하고 따라서 所有權移轉登記抹消請求訴訟에서 敗訴確定判決을 받았다면 그 旣判力은 그 후 제기된 眞正名義回復을 原因으로 하는 所有權移轉登記請求訴訟에도 미친다는 이유로 否定說을 지지한 것이다.[1] 眞正名義回復을 원인으로 하는 所有權移轉登記請求訴訟에 관한 이전의 논의는 대부분이 이를 허용할 것인가 아니면 부정할 것인가에 관심을 두었다.[2]

이 글에서는 大法院에서 취하는 태도, 즉 訴訟物이 實質的으로 同一하다는 이유로 前訴의 旣判力이 後訴에 미친다는 설명이 과연 타당한 것인지를 살펴보려고 한다.

Ⅱ. 訴訟物의 同一性

1. 旣判力 一般

확정된 終局判決에 있어서 請求에 대한 判決內容은, 當事者와 法院을 규율하는 規準으로서 拘束力을 가지고, 뒤에 同一事項이

---

1) 眞正名義回復을 위한 所有權移轉登記를 허용할 것인가에 관한 우리의 判例, 學說 등에 대하여는 김오수, "진정명의회복을 위한 소유권이전등기청구와 기판력의 문제", 민사재판의 제문제 9권(97.3) 225면 이하 참조.

2) 김황식, "진정명의 회복을 위한 소유권 이전등기 청구의 허부" 민사판례연구 4권(82.5) 34면에서는 긍정설을 택하되 그 이유로 등기청구권의 절차법적 권리성을 들고 있다.

問題되면 當事者는 그에 반하여 되풀이하여 다투는 訴訟이 허용되지 아니하며(不可爭), 法院도 그와 모순·저촉되는 判斷을 해서는 안 된다(不可反). 이러한 確定判決의 判斷에 부여되는 通用性 내지는 拘束力을 旣判力 또는 實質(實體)的 確定力이라 한다.3)

旣判力制度는 國家의 裁判機關이 當事者間의 분쟁을 공권적으로 판단한 것에 기초한 法的 安定性에서 유래된 것이다. 다만 判決의 내용에 묵과할 수 없는 중대한 瑕疵가 내포되었을 때에는 이러한 旣判力에 의한 획일적인 法的 安定性은 具體的 妥當性 앞에서 양보하여야 하는 바, 그것이 再審制度이다.4)

旣判力의 正當性에 대한 根據를, 傳統的 理論인 法的安定性說에서는 法的 安定性, 즉, 社會秩序의 유지와 同一紛爭의 反復禁止에 의한 訴訟經濟의 要請에서 찾고 있으며, 따라서 旣判力은 訴訟制度에 없어서는 안될 制度的 效力으로 본다. 이에 대하여 新說인 節次保障說은 訴訟當事者로서 節次上 訴訟物인 權利關係의 존부에 대하여 辯論을 하고 訴訟을 수행할 權能과 機會를 보장해 준 데서(節次權 내지 當事者權의 保障) 찾아야 한다고 한다. 양 학설 모두 근거가 있고 타당한 측면이 있기에 종합하여 法的 安定性, 訴訟經濟의 要請과 함께 節次保障을 받는 데 대한 自己責任에서 그 根據를 찾는 것이 좋을 것으로 본다.5)

---

3) 李時潤, 民事訴訟法 신정4판, 박영사, 2001, 612면; 姜玹中, 民事訴訟法, 제3전정판, 박영사, 1997, 65면.

4) 李時潤, 전게서, 612면.

5) 상게서, 612면. 대법원 1995.4.25, 94다17956 全員合議體判決의 別個意見은 "旣判力制度가 인정되는 이유는 當事者間의 紛爭에 대한 國家 裁判機關의 公權的 判斷에 의하여 法的 安定性을 부여함으로써 社會秩序를 유지하고 同一 紛爭의 反復을 금지함으로써 訴訟經濟를 달성하려고 하는 요청과 함께 訴訟當事者로서 節次上 이미 訴訟物인 權利關係의 존부에 관하여 辯論을 하고 訴訟을수행할 權能과 機會를 부여받았던 자가 그에 기한 判斷의 結果를 다시 다투는 것은 公平의 觀念내지 信義則에 반한다고 보기 때문이다"라고 하여, 旣判力의 根據를 法的 安定性, 訴訟經濟의 요청과 함께 節次保障을 받는 데 대한 自己責任에서 찾았다.

旣判力은 前訴에서 확정된 權利關係가 後訴에서 다시 問題되는 때에 작용한다. 구체적으로는, 前訴에서 勝訴한 原告이든 패소한 原告이든 '同一'訴訟物에 대해 訴를 제기하면 旣判力에 저촉되고, 前訴의 旣判力있는 法律效果가 後訴의 訴訟物 자체가 아니어도 後訴의 '先決問題'로 되는 때에는 旣判力을 받으며, 後訴가 旣判力에 의하여 확정된 法律效果와 정면으로 모순된 '反對關係'를 訴訟物로 할 때에는 前訴의 旣判力에 저촉된다.[6)]

2. 旣判力의 範圍

가. 旣判力의 時的 範圍(標準時)와 辯論終結後에 發生한 事由

當事者는 事實審의 辯論終結時까지 事實資料를 제출할 수 있고, 終局判決도 그때까지 제출한 資料를 기초로 한 産物이기 때문에, 이 시점에 있어서의 權利關係의 존부에 旣判力이 생긴다.[7)] 따라서 事實審의 辯論終結時가 旣判力의 漂準時가 된다. 旣判力은 標準時에 있어서의 權利關係의 존부의 판단에서 생기기 때문에, 當事者는 前訴의 標準時前에 존재하였으나 제출하지 않은 攻擊防禦方法(事實資料와 證據資料)을 그 뒤에 제출하여 前訴와 다른 판단을 구할 수 없다(失權效 또는 遮斷效).[8)] 그 訴訟資料를 제출하지 못한 데에 法律不和 등의 過失이 있든 없든 불문한다. 예컨대, 所有權確認請求에서 패소한 原告가 辯論終結前에 주장할 수 있었던 다른 取得原因事實(取得時效完成의 事實)을 이유로 동일한 訴를 제기하는 것은 前訴의 旣判力에 저촉된다. 뒤에 다른 書證을 발견하여도 다시 재론할 수 없다.

旣判力에 의하여 확정된 法律效果는 辯論終結後에 변동이 생길

---

6) 宋相現, 民事訴訟法, 신정판, 박영사, 1997, 474면.
7) 姜玹中, 전게서, 493면.
8) 李時潤, 전게서, 620면.

수 있으므로 變動事由는 失權效의 제재를 받지 않는다.[9] 따라서 辯論終結後에 發生한 事由에 의하여서는 旣判力에 의해 확정된 法律效果를 다툴 수 있다. 所有權移轉登記抹消請求訴訟에서 債權擔保의 의미에서 유효한 登記라는 이유로 패소되었을 때에 辯論終結後 被擔保債務의 辨濟를 이유로 다시 그 抹消의 新訴를 제기할 수 있다. 다만 여기에서 말하는 辯論終結後에 發生한 事由는 辯論終結後에 發生한 事實資料에 그치며 法律의 변경, 判例의 변경, 기초가 되었던 行政處分의 變更은 포함되지 않는다.[10]

나. 旣判力의 客觀的 範圍

(1) 判決主文의 判斷

旣判力은 訴訟物인 法律關係의 존부에 관한 판단에 미치므로 旣判力이 미치는 範圍를 알기 위해서는 前後 兩訴가 同一 訴訟物인가를 판단할 필요가 있다.

첫째, 請求의 趣旨가 다르면 訴訟物이 같다고 할 수 없다. 그 점 新·舊訴訟物理論 사이에 차이가 없다.[11] 다만 請求趣旨가 다르다 하여도 예외적으로 後訴가 前訴의 反對關係일 때와 前訴에서 확정된 權利關係가 後訴의 先決關係로 되는 때에는 旣判力을 받는다.

둘째, 택시를 타고 가다가 事故로 부상을 당한 乘客이 같은 금액의 損害賠償請求를 不法行爲와 債務不履行으로 각각 請求하는 경우와 같이 請求의 趣旨가 동일하나 法律的 觀點을 달리하여 請求하는 경우(事實關係는 동일), 新訴訟物理論에서는 訴訟物이 동일하다고 보나 舊訴訟物理論은 訴訟物이 다르다고 한다. 다만 舊理論에 있어서도 請求原因에 의하여 특정되는 權利關係가 동일하면

9) 姜玹中, 전게서, 493면.

10) 상게서, 495면.

11) 姜玹中, 전게서, 480면.

攻擊防禦方法이 다르더라도 旣判力에 저촉되는 것으로 본다.[12] 우리 判例도 抹消登記請求事件에서 登記의 無效事由를 달리하는 경우라도 이는 다같이 登記原因의 無效를 뒷받침하는 攻擊防禦方法의 차이에 불과하므로 後訴가 旣判力에 저촉된다고 본다.[13] 그러나 移轉登記請求事件에 있어서 登記原因을 달리하는 경우에는 攻擊防禦方法의 차이가 아니라고 하여 前訴의 旣判力은 後訴에 미치지 않는다고 한다.[14]

셋째, 동일금원의 請求를 어음債權에 기하여 請求하였다가 다시 原因關係債權에 기하여 請求하는 경우와 같이 請求趣旨는 동일한데 事實關係를 달리하여 請求하는 경우, 즉, 實體法上 1회의 급여만을 허용하는 경우에 前訴와는 무관하고 모순되지 않는 事實關係에 기해 新訴를 제기 하는 경우인데, 舊訴訟物理論에서는 이때에 旣判力에 저촉이 되지 않는다고 하나, 新訴訟物理論에서는 견해가 갈린다.[15]

(2) 判決理由중의 判斷

(가) 民事訴訟法 제202조 제1항에서는 旣判力은 主文에 포함된 事項에 미친다고 하였으므로 判決理由중에 판단된 事實認定, 先決的 法律關係, 抗辯 또는 法規의 解釋適用에 대하여는 旣判力이 미치지 않음이 原則이다. 訴訟物의 존부를 판단하는데 전제가 되는 先決的 法律關係에 대한 판단에도 旣判力이 미치지 않으므로, 所有權에 기한 移轉登記抹消登記請求에 관한 確定判決의 旣判力은 그 訴訟物인 抹消登記請求權의 존부에 대하여서만 미칠 뿐 判決理由에서 설시한 抹消原因인 所有權의 존부 등에는 미치지 않는다는 것이 확립된 判例의 태도이다.[16] 따라서 所有權移轉登記

12) 李時潤, 전게서, 626면.

13) 대법원 1980.9.9, 80다1020; 대법원 1993.6.29, 93다11050 등.

14) 대법원 1996.8.23, 94다49922.

15) 李時潤, 전게서, 626면.

抹消訴訟에서 所有權이 없다하여 敗訴確定된 뒤라도 原告는 다시 所有權確認請求의 後訴를 제기할 수 있다.[17)]

(나) 최근에 獨逸이나 日本에 있어서는 判決理由중에 판단된 先決的 法律關係에 대해 旣判力을 확장하려는 시도가 나타나고 있다. 日本의 爭點效理論은 그 중의 하나이다. 이 理論은 旣判力은 主文에 판단된 訴訟物에 한하여 미치나, 判決理由중의 판단이라 하여도 그것이 訴訟에 있어서 중요한 爭點이 되어 當事者가 주장, 입증하고 法院도 그에 관하여 실질적 審理를 한 경우에는 그 爭點에 대하여 행한 法院의 判斷에 拘束力을 인정하여야 한다는 것으로서, 그 效力發生의 根據를 公平, 禁反言에서 구한다.[18)]

예컨대, 甲이 乙에 대하여 所有權에 기하여 登記抹消訴訟을 제기한 경우에 所有權의 귀속이 중요한 爭點으로 되어 다투어진 결과 甲에게 所有權이 있다고 판단되어 抹消判決이 확정되었다면, 乙이 甲을 상대로 乙의 所有權確認請求를 後訴로 제기하였을 때에 前訴에서 비록 甲의 所有權에 관한 判斷은 判決理由에 判示한 것에 그치지만 後訴는 旣判力의 저촉을 받는다는 것이다.[19)]

다. 旣判力의 主觀的 範圍와 登記請求訴訟의 旣判力이 미치는 辯論終結後의 承繼人

辯論終結後에 訴訟物인 權利關係에 대한 지위를 當事者(前主)로부터承繼한 第3者는 前主의 相對方 當事者와의 사이에서 當事者間에 내린 判決의 旣判力을 받는데, 이 承繼人에는 訴訟物인 權利義務 자체를 承繼한 것은 아니나 係爭物에 관한 當事者適格(紛

---

16) 대법원 1971.5.24, 71다632; 대법원 1971.9.28. 71다1727; 대법원 1972.10.10. 72다1430; 대법원1979.9.25, 79다1218; 대법원 1981.10.13, 80다1335; 대법원 1986. 8.19, 84다카1792 등.

17) 宋相現, 전게서, 488면.

18) 상게서, 491면.

19) 상게서, 491-492면.

爭主體인 지위)을 當事者로부터 전래적으로 옮겨 받은 자도 포함된다(適格承繼說).[20]

承繼人에 해당하느냐에 관한 判斷에 있어서 新·舊訴訟物理論間에 견해의 차이가 있다.[21] 舊理論은 訴訟上에 반영되는 請求의 實體法上의 성격을 承繼人인가의 여부를 판정할 때 참작하려 한다. 즉 訴訟物인 請求가 對世的 效力을 가진 物權的 請求權일 때에는 被告의 지위를 승계한 者가 民事訴訟法 제204조의 承繼人으로 되지만, 對人的 效力밖에 없는 債權的 請求權일 때에는 承繼人이 되지 아니한다는 것이다. 舊理論에 바탕을 둔 우리 判例는 所有權에 기해 所有權移轉登記의 抹消登記를 명하는 判決이 확정되었을 때에 被告는 原告의 所有權의 행사를 방해해서는 안 될 物權的 義務者로 보고, 그로부터 辯論終給後에 所有權移轉登記 등을 경료한 者는 辯論終結後의 承繼人이라고 한다.[22] 이에 대하여 原告가 賣買로 인한 所有權移轉登記請求訴訟에서 勝訴의 確定判決을 받았다 하여도 아직 자기 앞으로 登記를 마치기 전이면 第3者에게 자기의 所有權을 대항할 수 없는 점 등을 들어, 辯論終結後에 被告로부터 所有權移轉登記를 경료한 第3者는 辯論終結後의 承繼人이 아니라고 보았다.[23]

패소한 被告의 登記承繼人이 實體法上 原告에게 대항할 法的地位를 갖고 있을 때, 예컨대, 法律行爲가 無效이거나 取消, 解除된 경우에 그 無效 등을 가지고 善意의 第3者에게 대항할 수 없는 경우에, 그 承繼人을 民事訴訟法 제204조 제1항의 承繼人이라고 볼 것인가에 관하여는 견해가 갈려 있다.[24] 形式說은 패소한 被告의 承繼人이 旣判力을 받기 때문에 敗訴者의 의무를 부담하

---

20) 李時潤, 전게서, 634-633면.

21) 자세한 설명은 李時潤,, 전게서, 635-636면 참조.

22) 대법원 1972.7.25, 72다935.

23) 대법원 1993.2.12, 92다25151; 대법원 1992.12.22, 92다30528.

24) 李時潤, 전게서, 636면.

는 것을 다툴 수는 없지만 자기의 고유의 防禦方法을 제출하는 것은 허용된다는 견해이다(따라서 原告 甲의 登記抹消請求訴訟에서 패소한 被告 乙로부터 登記를 승계한 丙은 旣判力때문에 "乙이 甲에게 登記抹消義務 있음"에 대해서는 다툴 수 없으나 자기가 善意의 第3者임을 주장, 입증하여 자기에 대한 甲의 執行을 물리칠 수 있다는 것이다). 이에 대하여 實質說은 위와 같은 경우 登記承繼人은 결국 被告의 의무를 승계한 것으로 되지 않기 때문에 근본적으로 承繼人이 아니며 旣判力이 확장되지 않는다고 한다. 어느 說에 의하든 자기 고유의 防禦方法을 갖고 있는 者는 결국 보호를 받게 되는 점에서 兩說에 실질적 차이는 없다(다만 執行關係訴訟을 제기할 책임이 承繼人에게 있는가 아닌가 하는 차이는 있다).[25]

3. 抹消登記請求權과 眞正名義回復을 위한 所有權移轉登記請求權의 法的 性質

登記請求權은 登記制度가 실효성을 가질 수 있도록 하기 위한 節次法的 必要에 의해 설정된 權利이지만 그 本質은 어디까지나 私人이 私人에 대하여 登記申請에 관해 필요한 협력을 구하는 實體法的 權利이다. 登記請求權이 發生하는 原因과 그 性質에 관하여 民法은 제621조가 不動産賃借人의 登記請求權을 규정하는 외에는 아무런 規定을 두고 있지 않으며, 그 해결을 學說, 判例에 맡기고 있다. 우리나라의 學說, 判例는 登記請求權의 發生原因과 性質을 모두 다원적으로 파악하고 있다.[26]

甲 所有의 不動産에 관하여 乙이 僞造文書를 사용하여 乙 名義로 所有權移轉登記를 한 경우와 같이 登記와 實體的 權利關係가 일치하지 않는 경우에 그 불일치를 제거하기 위하여 登記請求權

---

25) 李時潤, 전게서, 636면.

26) 郭潤直, 物權法, 제7판, 박영사, 2002. 104면 이하 참조.

이 發生하고 이때의 登記請求權은 物權의 效力으로서 發生하는 일종의 物權的 請求權이라고 일반적으로 이해되고 있다. 登記와 實體的 權利關係가 일치하지 않는 경우에는, 眞正한 物權者는 物權內容의 완전한 실현을 방해 당하고 있다고 할 수 있으며, 그러한 방해를 제거할 것을 妨害者(登記名義者)에게 요구할 수 있다고 하여야 하고, 이를 위하여 그 眞正한 物權者에게는 物權的 請求權의 性質을 갖는 登記請求權이 物權의 效力으로서 생긴다고 하여야 한다. 따라서 物權이 없는 者는 설사 자기 名義의 登記가 있다 하더라도 다른 登記名義人에게 抹消를 請求할 수는 없다. 이러한 점에 비추어볼 때 無效登記의 抹消登記請求權이 통상의 경우 所有權에 기한 妨害排除請求權으로서 物權的 請求權의 性質을 가진다고 할 수 있을 것이다.[27)]

問題는 眞正名義回復을 위한 所有權移轉登記請求權이 어떠한 性質을 갖는다고 볼 것인가이다. 日本의 學說, 判例는 大部分 眞正名義回復을 위한 所有權移轉登記請求權 역시 抹消登記請求權과 마찬가지로 所有權에 기한 妨害排除請求權으로서 物權的 請求權의 性質을 갖는 것으로 파악하고 있다. 우리나라의 判例 역시 그러한 견해를 택하고 있다고 말할 수 있다.

우리나라와 日本의 登記實務는 眞正名義回復을 위한 所有權移轉登記의 登記原因으로서는 '眞正한 登記名義의 回復'이라고만 기재할 것을 요구하고 登記原因의 日字를 기재할 것을 요구하고 있지 않은데, 이는 眞正名義回復을 의한 所有權移轉登記請求權을 所有權에 기한 妨害排除請求權으로 파악하는 견해에서는 당연한 것이다.

抹消登記請求權이나 眞正名義回復을 위한 所有權移轉登記請求權은 어느 것이나 眞正한 所有權者의 登記名義를 回復하기 위한 것이라는 목적을 가지는 것이고, 모두 所有權에 기한 妨害排除請

27) 郭潤直, 전게서, 106면.

求權으로서의 物權的 請求權으로서 그 發生根據와 法的 性質이 동일하다고 한다면, 兩 請求權은 그 이름 여하에 불구하고 실제에 있어서는 동일한 것이라고 보는 것이 옳다고 생각한다. 眞正한 所有權者의 登記名義를 抹消登記의 方法으로 回復할 것인가, 아니면 移轉登記의 方法으로 回復할 것인가의 問題는 다분히 편의적인 것이고, 따라서 眞正名義回復을 위한 所有權移轉登記의 實質은 抹消登記에 다름 아니라고 보아야 한다.

4. 抹消登記請求訴訟과 眞正名義回復을 위한 所有權移轉登記請求訴訟의 訴訟物의 同一 여부

無效登記의 抹消登記請求訴訟의 訴訟物은 抹消登記請求權이고 所有權 자체는 아니라는 것이 확립된 判例이다. 抹消登記請求權이 訴訟物이므로, 개개의 無效原因의 주장은 독립된 攻擊方法에 지나지 아니한다.

眞正名義回復을 위한 所有權移轉登記請求權의 本質을 所有權에 기한 妨害排除請求權으로서의 物權的 請求權으로 파악한다면, 그 請求訴訟은 債權的인 所有權移轉登記請求權을 訴訟物로 하는 보통의 移轉登記請求訴訟과는 그 性格이 다르다. 따라서 일반의 所有權移轉登記請求訴訟과 같이 所有權의 取得原因 여하에 따라 登記請求權 내지 訴訟物이 별개로 되는 것은 아니다. 그리고 최종登記名義人의 無效登記가 나타난 原因, 즉, 登記原因으로 된 物權變動이 不存在 또는 原始的 無效인가, 後發的 無效인가는 訴訟物의 同一性에 영향을 미치지 않는다.

그렇다고 하여 抹消登記請求訴訟의 訴訟物과 眞正名義回復을 위한 所有權移轉登記請求訴訟의 訴訟物은 동일하다는 결론으로 갈 수는 없다. 즉, 抹消登記請求權과 眞正名義回復을 위한 所有權移轉登記請求權은 所有權에 기한 妨害排除請求權으로서 그 發生

根據(實體法上의 適用法條)와 本質에 있어서 동일하고 登記의 形式이 다를 뿐이므로, 兩者의 請求訴訟 역시 그 訴訟物이 동일하다고 보는 견해가 본 사안에 대한 대법원의 태도이지만, 그것만으로는 양자가 그 소송물이 동일하다는 결론에 이르기에는 어려운 점이 있다.

한편 無效登記의 抹消登記請求訴訟과 眞正名義回復을 위한 所有權移轉登記請求訴訟은 實質이 어떠하든 形式上 請求趣旨 자체도 다르고 不動産登記法上 전혀 다른 종류의 登記이므로 訴訟物이 다른 것으로 보아야 한다는 주장도 있을 수 있다. 물론 訴訟物의 同一 내지 請求趣旨의 同一 여부를 지나치게 형식적으로 파악한 것으로서 부당하다는 비판을 받을 소지도 있다.

그러나 그 訴訟의 目的이 同一하다고 하여 請求趣旨가 다른데도 불구하고 同一한 訴訟物이라고 하는 것은 곤란하다. 訴訟物이 同一하다고 하려면 請求趣旨와 事實關係가 모두 같아야 하고 그 중 하나라도 다르면 訴訟物은 다르다고 하여야 할 것이다.

5. 兩 訴訟物의 同一性을 인정하는 견해에서의 설명 －確定判決의 拘束力

가. 旣判力의 時的 範圍와 客觀的 範圍

無效登記의 抹消登記請求訴訟과 眞正名義回復을 위한 所有權移轉登記請求訴訟의 訴訟物이 동일하다고 보는 견해에서는, 兩 訴訟중 어느 하나의 確定判決의 旣判力은 原告의 所有權에 기한 物權的 請求權으로서의 登記請求權(그것이 抹消登記請求의 形式으로 나타나든, 眞正名義回復을 위한 所有權移轉登記의 形式으로 나타나든)의 존부의 판단에 미친다고 보게 된다. 따라서 甲이 眞正한 所有者임을 주장하여 登記名義人인 乙에 대하여 乙 名義의 登記의 抹消訴訟을 제기한 다음, 그 訴訟係屬中 또는 判決確定後에 眞正名義

回復을 위한 所有權移轉登記請求訴訟을 제기하는 것은 二重訴訟禁止 또는 旣判力에 저촉되어 不適法하게 된다고 보게 된다. 그 점은 眞正名義回復을 위한 所有權移轉登記請求訴訟을 먼저 제기하고 나중에 抹消登記請求訴訟을 제기한 경우에도 마찬가지이다.

無效登記의 抹消登記請求訴訟에서 原告에게 抹消登記請求權 發生의 기초가 될 所有權이 없다는 이유로 原告의 請求가 기각되었다 하더라도, 그 確定判決의 旣判力은 抹消登記 請求權의 존부에만 미칠 뿐 그 전제가 되는 所有權의 존부에는 미치지 않는다는 判例의 견해에 의하면, 原告가 前訴의 相對方이었던 被告를 상대로 所有權確認의 訴를 제기하는 것은 前訴의 旣判力에 저촉되지 않는다. 그런데 無效登記의 抹消登記請求訴訟에서 所有權이 없다는 이유로 패소한 原告가 그 후 所有權確認判決을 받았거나 그 判決을 받을 수 있는 지위에 있다는 事由를 旣判力의 時的 範圍의 例外가 되는 辯論終結後에 發生한 事由에 해당한다고 볼 수 있을 것인가? 前訴의 辯論終結後에 取得時效가 완성되었다는 등 새로운 所有權 내지 抹消登記請求權의 取得事實이 있다고 주장하는 경우라면 몰라도, 前訴와 동일한 事實關係에서 原告의 所有權 내지 抹消登記請求權의 존재에 관한 입증을 추가 내지 보충하여 제출할 수 있게 된 것만으로는 辯論終結後에 發生한 새로운 事由가 있다고 볼 수는 없다. 그리고 이 점은, 抹消登記請求訴訟과 眞正名義回復을 위한 所有權移轉登記請求訴訟의 訴訟物을 동일하다고 보는 이상, 抹消登記請求의 前訴와 後訴, 眞正名義回復을 위한 所有權移轉登記請求의 前訴와 後訴, 抹消登記請求의 前訴와 眞正名義回復을 위한 所有權移轉登記請求의 後訴, 眞正名義回復을 위한 所有權移轉登記請求의 前訴와 抹消登記請求의 後訴의 어느 경우에나 마찬가지라고 할 것이다.

나. 旣判力이 미치는 辯論終結後의 承繼人의 範圍

訴訟物인 請求가 對世的 효력을 가진 物權的 請求權일 경우 辯論終結後에 被告의 지위를 승계한 者는 일응 民事訴訟法 제218조의 承繼人이라고 할 수 있으나, 다만 패소한 被告의 登記承繼人이 實體法上 原告에게 대항할 法的 地位를 갖고 있을 때에도 마찬가지로 볼 것인가에 관하여는 이를 긍정하는 形式說과 부정하는 實質說이 있다.[28] 어느 견해에 따르든, 無效登記의 抹消登記를 명하는 確定判決 또는 眞正名義回復의 移轉登記를 명하는 確定判決의 辯論終結後에 被告로부터 第3者 앞으로 所有權移轉登記가 경료된 경우 그 第3者가 辯論終結後의 承繼人으로서 위 判決의 效力을 받는다고 볼 것인가의 점에 있어서도 兩者사이에 차등을 둘 이유가 없다고 할 것이다.

다. 旣判力이외의 拘束力의 問題

移轉登記請求訴訟의 訴訟物이 서로 달라 어느 한쪽의 確定判決의 旣判力이 다른 쪽에 미치지 않는다고 하더라도, 日本의 爭點效理論을 적용한다면 어느 한쪽의 確定判決의 拘束力이 다른 쪽에 미친다고 볼 수 있으므로, 訴訟物의 同一性을 인정하는 것과 실질적으로 차이가 없게 된다고 할 것이다.

6. 兩 訴訟物의 同一性을 부정하는 견해에서의 설명 – 결론에 갈음하여

양 訴訟에서의 訴訟物이 서로 다르므로 양 請求를 별개로 할 수도 있다. 종전의 大法院의 태도가 바로 이런 견해를 나타낸 것이다.

---

28) 田炳西, 民事訴訟法講義(제3판, 2000), 박영사, 711면 이하 참조.

確定判決의 旣判力은 訴訟物로 주장된 法律關係의 存否에 관한 판단의 결론 그 자체에만 미치는 것이고, 그 전제가 되는 法律關係의 存否에까지 미치는 것이 아니므로 不動産에 관한 所有權移轉登記가 原因無效라는 이유로 그 登記의 抹消를 인용한 判決이 確定되었다 하더라도 그 確定判決의 旣判力은 그 訴訟物이었던 抹消登記請求權의 存否에만 미치는 것이고, 그 기본인 不動産의 所有權 자체의 存否에는 미치는 것이 아니므로 所有權移轉登記抹消請求訴訟에서 敗訴한 當事者도 그 후 所有權確認訴訟을 提起하여 勝訴判決을 받고 그 確定判決에 기하여 진정한 所有者名義의 回復을 위한 所有權移轉登記를 請求할 수 있다.29)

原告들이 현재 眞正한 所有者로서 그 所有權에 기하여 그 權利者가 아니면서도 登記簿上의 登記名義者인 被告에 대하여 眞正한 登記名義의 回復을 原因으로 한 所有權移轉登記節次의 履行을 구하는 것이고 判決에 의하여 그 所有名義가 抹消된 甲이 被告로부터 경료받은 交換을 原因으로 한 所有權移轉登記와 甲으로부터 順次로 경료된 原告들 名義의 所有權移轉登記의 回復을 구하는 것이 아니라면 위 判決의 旣判力에 抵觸된다고 볼 수 없다.30)

그러나 無效登記의 抹消登記請求를 구하였다가 패소한 原告는 이미 그 訴訟에서 訴訟物인 權利關係의 존부, 보다 구체적으로는 '原告가 眞正한 所有者이고 被告 名義의 登記가 原因無效인 여부'(원칙적으로 이에 의해 原告의 抹消登記請求權의 존부가 결정됨)에 관하여 충분히 辯論을 하고 訴訟을 수행할 權能과 機會를 보장받았던 사람이다. 그와 같은 權能과 機會를 보장받았던 사람이 그에 기한 판단의 결과를 다시 다투는 것은 公平의 觀念 내지 信義則에 반한다는 비판을 받게 된다. 즉 原告가 眞正名義回復을 위한 所有權移轉登記請求의 後訴에서 辯論한 事項도 前訴와 똑같이

---

29) 대법원 1990.12.21. 88다카26482.

30) 대법원 1990.12.21. 선고 88다카20026 판결[공1991.2.15.(890), 578]

'原告가 眞正한 所有者이고 被告 名義의 登記가 原因無效인 여부'에 관한 것인데, 被告의 처지에서 동일한 事項에 관하여 두 번씩이나 應訴를 강제당하는 것은 명백히 民事訴訟의 理想가운데 하나인 公平의 觀念에 반하고, 登記가 原因無效임을 주장하는 경우에만 原告가 아무런 事情變更도 없이 두 번씩 訴를 제기하는 것을 가능케 하고 被告가 두 번씩 訴訟을 당하는 부담과 불이익을 받게 하는 것은 다른 경우의 原, 被告의 처지와 비교하더라도 공평하지 못하다는 비난을 받게 된다.[31] 다른 訴訟과 抹消登記請求訴訟 내지 兩 訴訟의 當事者를 차별 취급해야 할 합리적 이유가 없기 때문이다. 그렇다면 어떻게 처리하는 것이 타당할까?

眞正名義回復을 위한 移轉登記請求訴訟과 所有權移轉登記抹消請求訴訟은 별개의 訴訟物이라고 볼 때 위와 같은 비판을 받지 않으려면 後訴의 提起 자체를 막는 것이 필요한데 그 根據를 어디서 찾을 것인가가 문제되는 것이다. 이에 대하여 大法院 2001.9.20. 宣告 99다37894 전원합의체 判決에서 별개의견은, 前訴인 所有權移轉登記抹消登記請求訴訟과 後訴인 眞正名義回復을 위한 所有權移轉登記請求訴訟이 그 訴訟目的이나 法的 根據와 性質이 같아서 實質的으로 同一하다고 하더라도, 각기 그 請求趣旨와 請求原因이 서로 다른 이상, 위 2개의 訴의 訴訟物은 다른 것이므로, 前訴의 確定判決의 旣判力은 後訴에는 미치지 않는다고 보아야 할 것이고, 다만, 이미 前訴에 관하여 確定判決이 있고 後訴가 實質的으로 前訴를 반복하는 것에 불과한 것이라면, 즉, 前訴와 後訴를 통하여 當事者가 얻으려고 하는 目的이나 事實關係가 同一하고, 前訴의 訴訟 과정에서 이미 後訴에서와 實質的으로 같은 請求나 主張을 하였거나 그렇게 하는 데 아무런 장애가 없었으며, 後訴를 허용함으로써 紛爭이 이미 終決되었다는 相對方의

31) 대법원 2001.9.20. 선고 99다37894전원합의체 판결의 별개의견이 바로 이러한 견해이다.

信賴를 해치고 相對方의 法的 地位를 불안정하게 하는 경우에는 後訴는 信義則에 反하여 허용되지 않는다고 보아야 한다고 하여 信義則에 기대고 있다. 그러나 일반원칙에 바로 몸을 의탁하는 것은 法的 安定性과 관련하여 어려운 점이 많다.

前訴에서 抹消登記請求權을 否定한 確定判決의 證明力을 이유로 하여 특단의 사정이 없는 한, 原告가 眞正名義人이 아니라고 보아 請求를 棄却하는 것이 妥當할 것이라고 하는 견해가 있다.[32] 이 견해는 訴訟物의 同一性 내지는 旣判力의 문제로 다루는 것 자체를 否定한다. 즉, 眞正名義回復을 위한 移轉登記請求 자체는 인정할 필요가 있지만 이를 인정하는 것은 제한적으로 부득이한 경우에 한정하여야 할 것이라고 한다. 이미 登記名義人을 찾아서 抹消登記請求訴訟을 한 原告에게 다시 眞正名義回復을 위한 移轉登記請求를 認定할 필요성이 의심스럽다고 한다. 물론 眞正名義回復을 위한 移轉登記請求權은 예외적인 것이므로 그 적용을 매우 엄격하게 하는 것이 마땅하다. 또한 하나의 사건이 民刑事上 같이 문제되는 경우에는 刑事判決이 먼저 나오면 그 確定된 判決은 다른 쪽의 裁判에 커다란 의미를 갖게 되는데 그것이 바로 確定判決의 證明力이라고 할 수 있지 않을까 한다. 따라서 同一한 目的을 갖고 同一한 事實關係에 터잡은 移轉登記抹消請求와 眞正名義回復을 위한 移轉登記請求 중 어느 한 쪽이 먼저 確定된 경우라면, 다른 쪽은 그 먼저 확정된 判決을 援用하여 문제를 처리할 수 있다고 보는 것이 타당하다.

---

32) 호문혁, 민사소송법, 제3판, 610면.

제 9 장 소유권이전등기청구권에 대한 가압류의 효력

[목 차]

Ⅰ. 서 론

가압류는 집행보전처분의 하나로서 채권자가 채무명의를 얻어 강제집행을 하기 전에 그 강제집행의 실효성을 위하여 채무자의 일반 재산을 미리 압류함으로써 그 처분이나 환가를 금지하는 것을 목적으로 한다. 따라서 가압류명령이 집행되면 가압류 목적물에 대하여 채무자가 하는 매매, 증여 또는 저당권 등 담보물권의 설정, 기타 일체의 처분을 금지하는 효력이 생기는데 이를 가압류의 처분금지적 효력이라고 한다.[1] 이때 채무자가 처분 금지를 어기고 일정한 처분행위를 하면 그 처분행위는 절대적으로 무효

---

* 이 글은 서원대학교 사회과학연구소 사회과학연구 제8집(1995.12.) 117면-131면에 게재되어 있음.

1) 주기동, "가압류의 처분금지적 효력", 재판자료집 제45집 보전소송에 관한 제문제(상).(1989), 357면.

가 되는 것이 아니라 그 처분행위의 당사자 사이에서는 유효하지만 가압류 집행과의 관계에서는 무효가 된다고 하는 상대적 무효설이 통설이며, 이를 가압류효력(처분금지의 효력)의 상대성이라고 한다. 예를 들면 채권자가 가압류한 물건을 채무자가 제3자에게 처분한 경우 채무자와 제3자와의 사이에서는 유효한 양도이므로 가압류를 하지 않았던 다른 채권자들은 그 물건에 대하여 강제집행의 신청을 할 수가 없으며 단지 가압류채권자의 장래의 집행에 있어 배당가입의 문제만 남을 뿐이다. 즉 이 경우 제3자의 소유권 귀속의 문제는 가압류채권자의 장래의 강제집행절차와의 관계에서만 부정되는 것이다. 물론 이 때 다른 채권자들이 배당가입을 한 경우 배당을 어떻게 할 것인가 하는 문제는 강제집행제도의 기본이념과 관련하여 서로 달라진다. 우리 민사소송법은 평등주의를 따르고 있다.[2)]

가압류를 그 목적물에 따라 분류한다면 부동산에 대한 가압류와 동산에 대한 가압류, 그리고 채권에 대한 가압류로 나눌 수 있다. 이렇게 나누는 이유는 우선 우리 강제집행법의 체제가 그렇게 되어 있고, 가압류집행의 효력발생요건이 목적물에 따라 다를 뿐만 아니리 그 효력도 다르기 때문이다.[3)] 이렇게 나눌 때 소유권이전등기청구권의 가압류는 일종의 채권의 가압류로 일단 분류할 수 있다.[4)] 그러나 그 성질상 부동산과 직접 관련이 되어 있으므로 일반 채권의 가압류와는 상당히 다른 특징을 갖고 있다. 즉 부동산소유권의 이전등기청구권의 강제집행은 그 이전등기청

2) 강재집행제도의 기본이념과 각국의 입법례는 상게논문, 358-363면 참조.

3) 본고에서는 이러한 각 가압류 효력의 비교 등에 대하여는 다루지 않는다. 이에 대하여는 상게논문, 363-382면 참조.

4) 부동산소유권이전등기청구권의 가압류에 대하여 종전 대법원의 견해는 권리의 환가성을 인정할 수 없다는 이유로 부정하였으나(1975.3.10 고지. 74마487결정) 1978.12.28 고지. 76마381 전원합의체결정에서 민사소송법 제577조(현행 민사집행법 제244조)의 부동산에 관한 청구권은 목적물의 인도를 구하는 물권적 청구권만이 아니라 권리이전의 청구권도 포함한다고 함으로써 견해를 바꾸었다.

구권을 처분하여 그 대금으로 채권자들의 만족을 꾀하는 것이 아니라 청구권의 내용을 실현하여 채무자의 명의로 소유권이전등기를 마쳐서 그 목적부동산을 채무자의 책임재산으로 만든 다음에 부동산에 대한 강제집행절차에 따라 강제경매 또는 강제 관리하여 채권자들의 만족을 얻게 되는 것이다. 따라서 본 연구에서는 이러한 점을 고려하여 소유권이전등기청구권의 가압류에 대하여 논하고자 한다.

Ⅱ. 채권가압류의 채무자에 대한 효력

1. 가압류집행의 효력

가압류채무자는 채권가압류에 의해 채권의 추심 및 그 밖의 일체의 처분행위가 금지된다. 그러므로 가압류 후에 채권의 양도, 포기, 면제, 상계 등이 이루어지고 대항요건을 갖추었다고 하더라도 가압류채권자에게 대항할 수 없다. 그러나 가압류신청이 취하되거나 가압류명령이 취소되면 그 처분행위는 완전히 유효한 것이 된다.

2. 가압류된 채권의 이행청구 가부

채권가압류가 되더라도 가압류의 효력은 소극적으로 피가압류채권의 처분행위를 금지하는 것뿐이므로 그 피가압류채권의 소멸시효는 중단되지 않는다. 따라서 그 가압류된 채권에 관하여 채무자가 제3채무자에 대하여 시효중단을 위한 채무의 승인을 구하거나, 파산절차에서의 채권의 신고 또는 확인소송을 제기할 수 있다. 하지만 이행소송을 제기할 수 있는가에 대하여는 논의가 있다.

(1) 각하설

가압류의 실체상의 효력으로서 채무자는 그 채권에 대하여 추심의 권능을 잃기 때문에 이행소송의 제기를 부정하는 견해가 있는데 일본대심원의 일부 판결은 이 견해에 따랐다.[5] 이행소송의 계속 중에 그 채권이 가압류된 때에는 채무자는 그 청구취지를 채권존재확인으로 변경하든가, 변제공탁 기타 적당한 신청으로 변경하여야 하고 청구취지를 변경하지 않고 이행의 소를 그대로 유지할 때에는 부적법한 소로서 이를 각하하여야 한다는 것이다.

(2) 조건부 청구인용설

또 하나의 견해는 가압류의 해제를 조건으로 하는 이행소송은 허용된다는 것이다. 채권의 가압류는 제3채무자에 대하여 채무의 지급을 금지하는 효력이 있으므로 채무자는 제3채무자에 대하여 채권의 현실적인 변제를 청구할 수는 없고 가압류가 해제되면 즉시 변제를 하라는 청구를 할 수 있을 뿐이라고 한다.[6]

(3) 인용설

반면에 적극적으로 이행소송이 허용된다는 견해가 있는데 그 이유는 가압류채무자가 현실로 채권을 추심하여 만족을 얻는 것만이 가압류에 의하여 금지되기 때문이라는 것이다. 이행소송의 수행은 이에 해당되지 않으며 제3채무자를 이중지급의 위험에서 보호하기 위해서는 제3채무자가 가압류의 사실을 집행기관에 제시하여 집행절차가 만족적 단계에 이르는 것을 막을 수 있다고 한다.[7] 이것이 우리나라의 통설이다.[8] 대법원 판결도 이 견해에 따르고 있다.[9] 이 견해에 따르면 가압류의 처분 금지적 효력에

---

5) 일본대심원 소화 4년 7.24. 최고재판소민사판결집 제8권, 728.

6) 일본대심원 소화 17년 1.19. 최고재판소민사판결집 제21권, 22.

7) 집행방법에 관한 이의로 집행절차가 만족적 단계에 이르는 것을 저지할 수 있다고 한다.

8) 전봉진, 1990, "가압류된 채권의 이행청구의 가부", 대법원판례해설 1989년 하반기호(통권 제12호). 34면.

의하여 가압류채무자가 그 채권을 처분하는 행위는 할 수 없지만 그것은 상대적 효력으로서 단지 채무자와 제3채무자가 가압류에 반하는 행위를 하더라도 그것으로서는 가압류채권자에게 대항할 수 없음에 그치기 때문이라고 한다. 따라서 채무자로서는 제3채무자에 대한 소송수행권을 잃지 않으며 승소판결을 받을 수 있다고 한다. 또 만약 각하설이나 조건부인용설에 따르면 채무자가 소송수행 중에 그 채권에 대하여 가압류당한 경우에도 채무자는 패소를 당하게 되는데 그 후 가압류가 취소되는 경우에는 채무자로서는 제3채무자에 대하여 다시 소를 제기할 수밖에 없고 따라서 소송경제에 반한다고 한다.[10)]

3. 소유권이전등기청구권의 가압류의 경우 이행청구 가부

(1) 문제의 제기

부동산소유권이전등기청구권이 가압류되어 있는 경우 채무자가 제3채무자를 상대로 하여 목적 부동산에 대하여 소유권이전등기절차의 이행을 구하는 이행청구의 소를 제기하여 승소판결을 받아 자기명의로 이전등기를 경료할 수 있는가? 이 문제를 일반채권의 압류에서와 같이 다루는 것은 곤란한 점이 여러 가지 있다.

9) 대법원 1989.11.24 선고, 88다카 25038 판결(대법원판결집 37권4집 민사편 68). 이 판결은 "채권가압류가 된 경우 제3채무자는 채무자에 대하여 채무의 지급을 하여서는 안되고, 채무자는 추심, 양도 등의 처분행위를 하여서는 안되지만 이는 이와 같은 변제나 처분행위를 하였을 때에 이를 가압류채권자에게 대항할 수 없다는 것이며, 채무자가 제3채무자를 상대로 이행의 소를 제기하여 채무명의를 얻더라도 이에 기하여 제3채무자에 대하여 강제집행을 할 수 없다고 볼 수 있을 뿐이고 그 채무명의를 얻는 것까지 금하는 것은 아니라고 할 것이다"라고 판시하고 있다. 이에 대한 평석으로는 상게논문, 27면 이하 참조.

10) 정연욱, "가압류된 채권의 이행청구와 소유권이전등기청구권의 압류나 가압류에 위반되는 등기의 효력", 법조(통권 437호), (1993.2) 88면 이하 참조. 다만 소유권이전등기청구권의 가압류의 경우에는 조건부이행청구설에 동의하고 있다.

즉 채권가압류의 일반적인 경우에는 채무자의 이행청구에 대하여 청구인용이 되더라도 채무자가 그 급부를 수령하는 것을 막는 방법, 즉 집행이의의 방법 등이 있어 단지 급부수령에 이르기까지의 추심행위만으로는 가압류채권자를 해하지 않는다고 할 수 있으나 부동산소유권이전등기청구권의 가압류의 경우에는 이행판결이 있으면 그 확정만으로 채무자가 채권의 만족을 받게 되므로 위에서 논한 이행청구의 가부문제가 여기에서 그대로 적용된다고 하기는 곤란한 것이다. 뿐만 아니라 이러한 경우에 가압류절차에 의하지 않고 채무자명의로 소유권이전등기가 경료된 때 이러한 등기를 원인무효의 등기로 보아야 하는지 문제가 등장한다. 한 걸음 더 나아가 제3자가 채무자로부터 소유권이전등기를 경료받은 경우 이 제3자 명의의 등기의 효력 또한 어떻게 볼 것인가 하는 문제도 나타나게 되는 것이다.

(2) 판례의 검토

부동산소유권이전등기청구권이 가압류되어 있는 경우 이행청구가 가능한가라는 문제에 대하여 채권가압류의 일반적인 경우에서처럼 학설이 나뉠 수 있으나 구체적으로 이 문제에 대하여 따로 논한 서술은 거의 보이지 않는다. 즉 이 경우만의 문제점에 대한 문제제기는 1992. 11.10. 선고 92다4680 판결이 나오기 전까지는 전무한 것으로 보인다. 따라서 이 판결과 또 이와 관련 있는 다른 판결을 먼저 살펴보고자 한다.

1) 대법원 1989.5.9. 선고, 88다카6488 판결[11)]

가) 사실관계

피고가 소외 갑을 채무자로 하고 소외 을을 제3채무자로 하여 채무자에 대하여는 제3채무자에 대한 소유권이전등기청구권의 처

---

11) 대법원판결집 제37권 2집 민사편 41 이하.

분을 금지하고 제3채무자에 대하여는 채무자에게 소유권이전등기 절차를 이행하여서는 안 된다는 내용의 가처분을 1965.2.5. (아마도 1985.2.5.의 오기인 듯하다) 얻은 후 1985.2.9. 피고는 소외 갑과 을을 상대로 소유권이전등기 절차의 이행을 구하는 소를 제기하였다. 또한 피고는 소외 을을 상대로 소외 갑을 대위하여 1985.5.22. 처분금지가처분 결정을 얻었다. 그리고 1985.6.말경 원고는 피고와 동일한 내용의 처분금지가처분을 하고 소외 갑과 을을 상대로 소외 을은 소외 갑에게, 소외 갑은 원고에게 각 소유권이전등기절차를 이행하라는 소송을 제기하여 원고승소판결을 받고 이에 기하여 소외 갑, 원고 명의로 순차 소유권이전등기를 마쳤다. 그 후 먼저 제기되었던 피고의 소가 피고승소로 확정되었고, 피고의 신청에 따라 피고가 먼저 받은 처분금지가처분에 기하여 원고 명의로 소유권이전등기가 되었던 것이 말소되었는데 원고가 이에 말소된 원고명의의 소유권이전등기의 회복을 청구한 사건이다.

나) 판결요지

부동산의 전득자가 양수인 겸 전매인에 대한 소유권이전등기청구권을 보전하기 위하여 양수인을 대위하여 양도인을 상대로 부동산처분금지가처분을 한 경우 그 피보전권리는 양수인의 양도인에 대한 소유권이전등기청구권이고 전득자의 양수인에 대한 소유권이전등기청구권까지 포함되는 것은 아니므로 양도인이 양수인에게 소유권이전등기를 하여 주는 것까지 금하는 것은 아니다.

부동산의 전득자가 양수인 겸 전매인을 채무자, 양도인을 제3채무자로 하여 권리처분금지가처분을 하였더라도 그러한 가처분이 등기되지도 않았고 등기될 수도 없는 이상, 제3자가 채무자의 제3채무자를 상대로 순차로 소유권이전등기절차를 이행하라는 소송을 제기하여 승소확정판결을 받고 이에 기하여 제3채무자로부터 채무자에게, 채무자로부터 자기 앞으로 경료한 각 소유권이전등기는 유효하고 이 가처분에 의하여 그 효력이 좌우되지는 않는다.

다) 평석

소유권이전등기청구권의 가압류, 압류나 가처분은 채무자에 대하여는 소유권이전등기청구권 등의 처분행위를 금지하고 제3채무자에 대하여는 채무자에게 소유권이전등기절차의 이행을 금지함을 그 내용으로 하는 점에서 동일하다고 할 것이다. 또한 공시방법이 없다는 점도 같다. 따라서 가압류에 대한 판결은 아니지만 참고할 가치가 있어 다루기로 한다. 이 사안에서는 채무자가 이행청구를 한 것은 아니고 부동산의 전득자가 양수인 겸 전매인을 대위하여 양도인을 상대로 이행의 소를 제기하여 승소확정판결을 받은 것이다. 이 사안에서 논점으로 된 것은 처분금지가처분의 효력범위와 이 가처분에 반하여 경료된 소유권이전등기의 효력이다.

부동산처분금지가처분에 대한 판결은 이전에도 상당히 있는데 1972.12.12. 선고, 72다1860, 1861 판결[12)]에서는 그 효력에 대하여 판시하기를, 처분금지가처분의 피보전권리는 제3채무자의 채무자에게로의 소유권이전등기청구권이고 채무자에게서 채권자에게로의 소유권이전등기청구권이 아니므로 오히려 제3채무자로부터 채무자에게로 소유권이 이전되면 그 가처분의 목적은 달성된다고 하였다.[13)] 따라서 채권자가 채무자 및 제3채무자를 상대로 하여 본안소송에서 승소확정판결을 받더라도[14)] 그 확정판결 이전에 제

---

12) 대법원판결집 제20권 3집 민사편 203.

13) 이 판결이전에 1956.6.28. 선고, 4269민상 210호 판결(대법원판결집 제37권 2집 50)에서는 채권자대위권에 기한 처분금지가처분에 의하여 보전되는 권리는 제3채무자에게서 채무자에게로의 소유권이진등기청구권이지만 채권자대위권의 본질에 맞추어 채권자의 등기이전청구권도 이에 의하여 보전되는 것이 타당하다고 하고 따라서 가처분등기 후에 채무자가 제3자에게 소유권이전등기를 경료하는 것은 가처분의 효력에 대한 관계에서는 목적물의 처분행위와 동일시할 것으로서 그 등기는 가처분권리자인 채권자에 대하여 무효라고 하고 있다.

14) 물론 이 경우 채권자는 채권자대위권에 기하여 대위소송을 한 것이다. 따라서 채권자대위소송과 관련된 여러 문제가 있으나 본고에서는 다루지 않는다.

3채무자로부터 채무자에게 소유권이전등기가 경료되고 채무자에게서 제3자에게 소유권이전 등기가 경료되었다면 그 제3자의 등기는 유효하고 이러한 경우는 이중매매에 해당한다고 밝힘으로써 선등기의 유효를 인정하였다. 즉 이 사안에서 처분금지가처분의 효력범위를 오직 문제된 제3채무자의 채무자에게로의 소유권이전등기청구권에 한정시킴으로써 피보전채권의 범위에 채권자의 채무자에 대한 권리가 직접 포함되지 않음을 선언하고 있다. 따라서 이러한 가처분에 반하여 경료된 소유권이전등기는 유효한 것이라는 견해를 택하고 있는 것이다.

본 판결에서도 이와 같은 견해를 따르고 있다. 즉 처분금지가처분의 효력범위에 채무자의 제3채무자에 대한 소유권이전등기청구권이 포함될 뿐 채권자의 채무자에 대한 권리까지 포함시키지는 않고 있다. 즉 그 가처분의 권리자는 실질적으로는 채무자라고 보고 있는 것이다. 따라서 제3채무자가 채무자에게 소유권이전등기를 하여 준다면 처분금지가처분은 그것을 금할 수 없다고 한다. 왜냐하면 채권자가 채무자를 대위하여 제3채무자에게 한 처분금지가처분은 채권자 자신의 채무자에 대한 청구권의 보전을 위하여 제3채무자가 채무자이외의 다른 사람에게 소유권이전 등 처분행위를 하지 못하도록 하는데 그 목적이 있다고 파악하기 때문이다.[15] 나아가 제3자가 채무자와 제3채무자를 상대로 순차로 소유권이전등기절차를 이행하라는 소송을 제기하여 승소확정판결을 받아 이 판결에 기하여 경료한 등기는 유효하다고 보는 것이다.

이 판결에 비추어보면 가압류의 경우에도 역시 가압류에 의하여 보전되는 권리는 제3채무자에게서 채무자에게로의 소유권이전등기청구권일 뿐 채권자의 권리가 직접 그 대상이 되는 것이 아니라고 보인다. 그렇다면 채권자로서는 어떠한 조치를 하여야 자

---

15) 대법원 1989.4.11. 선고, 87다카3155판결(대법원판결집 제37권 1집 민사편 216).

기의 권리를 실질적으로 보전할 수 있게 될까라는 문제가 제기되는 것이다. 이에 대하여는 뒤에서 다시 다루고자 한다.

2) 대법원 1988.9.27. 선고, 84다카2267 판결[16)]

가) 사실관계

원고 갑은 자신의 자금으로 은행으로부터 소외인 병의 이름으로 부동산을 매수하였는데 병은 매수 즉시 갑에게 그 소유권을 양도하여 주기로 약정하였는데 병은 당초의 약정과는 달리 소유권양도절차를 이행하지 않아 갑은 병을 대위하여 은행을 상대로 처분금지가처분신청을 하여 1975.12.31. 그 가처분등기를 하여 두었다는 것이고 그 후 병이 은행을 상대로 소유권이전등기소송을 제기할 때 독립당사자로서 참가하였으나 패소하였고, 다시 갑은 별소로 은행과 병을 공동피고로 하여 순차소유권이전등기를 구하는 소송을 제기하였으나 은행에 대하여는 병이 먼저 제기한 위 소송과 중복된다는 이유로 소각하의 판결을 받고(1980.7.8.) 병에 대하여만 승소확정판결을 받았다. 병도 은행을 상대로 한 소유권이전등기청구소송에서 승소의 확정판결을 받았는데(1980.7.8.) 이에 병의 채권자인 피고 을은 1980.7.26. 병 명의로의 대위에 의한 소유권이전의 등기를 마침과 동시에 강제경매신청의 등기를 마쳤고 뒤이어 갑이 1980.8.1. 갑 명의로의 소유권이전등기를 마쳤다는 것이다. 을은 강제경매의 절차를 밟고 이에 갑은 제3자 이의의 소를 제기한 것이다.

나) 판결요지

부동산의 전득자가 양수인 겸 전매자에 대한 소유권이전등기청구권을 보전하기 위하여 양수인을 대위하여 양도인을 상대로 처분금지가처분을 받아 그 등기를 마쳤다면 그 피보전권리는 양수인의 양도인에 대한 소유권이전등기청구권이고 전득자의 양수인

---

16) 대법원판결집 제36권 2집 민사편 140.

에 대한 소유권이전등기청구권의 보전까지 포함되는 것은 아닌 것이며, 따라서 그 후 양도인으로부터 양수인명의로 소유권이전등기가 마쳐졌고 이에 터잡아 다른 등기(본 사건의 경우 강제경매 신청등기)가 마쳐졌다 하여도 그 등기는 위 처분금지가처분에 위배되는 것이라고 할 수는 없다.[17]

다) 평석

부동산소유권이전등기청구권의 처분금지가처분을 받을 경우 피보전권리의 범위에 관한 중요한 판결이다. 앞의 판결과 같은 태도를 보이고 있다. 다만 이 사안의 경우 채무자가 제3채무자를 상대로 소유권이전등기청구소송을 제기하여 승소확정판결을 받아 소유권이전등기를 한 점이 눈에 뜨인다. 처분금지가처분이 있음에도 불구하고 채무자가 이행의 소를 제기한 것이 판결에서는 특별하게 다루어지지는 않았지만 이 점은 앞에서 본 바와 같이 별도로 다룰 만한 의미가 있는 것이다. 본 사안을 기초로 판단한다면 소유권이전등기청구권의 가압류의 경우에도 채무자의 이행청구는 가능한 것으로 볼 수 있다. 또 그 피보전채권의 범위에 대하여도 역시 마찬가지의 해석을 할 수 있겠다.

3) 대법원 1990.6.22. 선고. 89다카19108 판결[18]

가) 사실관계

제1심 공동피고인 서울시가 1982.9.18. 이 사건 토지의 환지전 토지인 체비지 예정지를 소외 2인에게 매도하였는데, 위 소외인들이 1983. 3.16. 위 환지전 토지를 제1심 공동 피고인 갑과 소외 4인 등 5인에게 전매하였다. 그러자 서울시는 위 전매를 승인하

---

17) 이 판결에서 결과적으로는 채권자가 승소판결을 받게 된다. 그 이유는 채무자에 대한 가장채권에 기하여 채무명의를 받아 이에 의하여 채무자명의로 이전등기를 마침과 동시에 강제경매를 한 것이고 이에 가장채권자가 적극 가담한 것으로서 이는 이중매매의 경우 매수인이 매도인의 배임행위에 적극 가담한 경우와 마찬가지의 법리가 적용됨으로써 무효가 된 것이다.

18) 대법원판결집 38권 2집 민사편 89.

고 체비지 지 매각대장상의 매수인 명의를 피고 갑 등 5인 앞으로 소유권이전등기를 마쳐주기로 함으로써 피고 갑은 피고 서울시에 대하여 환지전 토지의 1/5 지분에 관하여 소유권이전등기청구권을 갖게 되었다. 그런데 원고A가 1985.6.4. 위 지분소유권이전등기청구권에 대하여 압류명령을 얻고 원고B가 1981.3.9. 가압류명령을 얻었다가 같은 해 8.6. 가압류로부터 본압류로 전이하는 명령을 얻어 위 각 명령들이 제3채무자인 피고 서울시에 송달되었다. 위 환지전 토지는 1984.12.31. 이 사건 토지로 환지 확정되었고 피고 서울시의 촉탁에 따라 1985.2.18. 피고 서울시 앞으로 소유권보존등기가 경료되었다. 그런데 피고 을이 1986년에 이르러 지신이 피고 갑으로부터 환지한 토지에 대한 1/5 지분소유권을 1983.10.19. 매수하였음을 이유로 피고 서울시 및 피고 갑을 상대로 소유권이전등기절차의 이행을 구하였다. 이 소송에서 을은 승소확정판결을 받았고 위 확정판결에 기하여 1986.9.12. 피고 서울시로부터 피고 갑 앞으로의 지분소유권이전등기를 대위신청하여 마침과 동시에 갑으로부터 자신의 명의로 소유권이전등기를 마쳤다. 원고들은 1988.9.23.에 이르러 피고 갑이 서울시에 대하여 가지는 위 지분소유권이전등기청구권에 관하여 추심명령을 얻은 후 이 사건 소송으로 원고들이 얻은 위 소유권이전등기청구권의 압류명령에 위반되어 피고 갑으로의 그리고 갑으로부터 을로의 지분소유권이전등기는 무효이므로 위 각 지분소유권이전등기의 말소등기절차를 이행할 것을 구하고, 피고 서울시에 대하여는 소유권이전등기청구권의 추심명령을 받은 압류채권자의 지위에서 피고 갑으로의 지분소유권이전등기절차를 이행할 것을 구하였다.

나) 판결요지

소유권이전등기청구권에 대한 압류나 가압류가 있으면 그에 위반되는 등기는 제3채무자의 채무자에 대한 이행행위인 당해 소유권이전등기뿐만 아니라 그 후에 이루어진 모든 등기도 압류나 가압류채권자에 대한 관계에서 무효라고 할 것이고 위와 같이 저촉되는 등기가 확정판결에 기한 것이라 하더라도 마찬가지이다.

다) 평 석

채무자의 제3채무자에 대한 소유권이전등기청구권이 압류, 가압류되어 있음에도 불구하고 어떤 사유로 이러한 압류 가압류에 위반하여 제3채무자로부터 채무자 명의로 소유권 이전등기가 경료되고 이에 기하여 제3자 명의로 소유권이전등기가 순차로 마쳐진 경우 채무자 및 제3취득자 명의의 등기의 효력을 어떻게 볼 것인가에 대한 최초의 판결로 볼 수 있다. 가압류에 위반하여 이루어진 채무자명의의 이전등기뿐만 아니라 이에 기하여 이루어진 모든 등기 역시 압류채권자에 대한 관계에서는 무효라고 판시하고 있는 이 판결은 그 근거를 밝히지 않고 있는데 그 근거를 다음과 같이 추측하는 견해가 있다.[19]

첫째, 금전채권의 가압류, 압류에 있어 제3채무자가 채무자에게 채무를 이행하더라도 가압류, 압류채권자에 대한 관계에서는 그 이행행위는 가압류, 압류명령에 위반되어 효력이 없고 따라서 그 이행행위로서 압류채권자에 대항할 수 없다.

둘째, 부동산의 가압류, 압류나 처분금지가처분에 있어서 채무자는 당해 부동산을 제3자에게 처분할 수 있지만 가압류, 압류채권자나 가처분채권자에 대하여는 그 처분행위를 대항할 수 없다.

셋째, 이렇게 해석하지 않는다면 제3채무자가 채무자와 통모하여 제3채무자 명의로부터 채무자명의로 소유권이전등기를 마치고 이어서 채무자가 제3자에게 그 부동산을 유효하게 처분할 수 있게 되어 소유권이전등기청구권에 대한 강제집행이 유명무실해질 우려가 있다.

그렇지만 이 판결의 문제점에 대하여 이 평석은 다음과 같이

---

19) 김상철, “소유권이전등기청구권에 대한 압류 및 가압류의 효력”, 민사판례연구 제13집, (1993), 276면.

적절히 지적하고 있다.

첫째, 부동산소유권이전등기청구권을 가압류한 경우 그 가압류의 종국적인 목적은 채무자명의로 소유권이전등기를 마치는 것을 확보하기 위한 것이므로 금전채권이나 부동산에 대한 가압류, 압류명령과는 구별되는 특이성을 갖고 있는 것이 아니겠는가? 따라서 가압류, 압류채권자의 청구에 의하거나 또는 보관인에 의하지 않고 제3채무자로부터 채무자에게로 소유권이전등기가 경료된 경우에도 결과적으로는 원래 소유권이전등기청구권의 강제집행으로서 목적하던 바가 달성된 것으로 볼 수 있지 않은가?

둘째, 가압류에 반하여 이루어진 소유권이전등기와 또 그에 기초한 소유권이전등기까지 모두 무효라고 보는 것은, 소유권이전등기청구권의 가압류, 압류는 원래 채권가압류, 압류의 일종이므로 채무자에 대하여는 처분을 금하고 제3채무자에 대하여는 이행을 금하는 등의 대인적인 효력만을 갖는 것이 아니겠는가. 그런데 판시한 바에 따른다면 소유권 이전등기청구권의 가압류, 압류에 의하여 목적부동산의 처분제한이라는 일종의 대물적 효력을 인정하는 결과가 되어 부당한 것이 아닌가.

셋째, 부동산거래의 안전을 위협할 우려가 있다. 즉 부동산소유권이전등기청구권의 가압류, 압류는 일종의 채권의 압류로서 그 취지를 부동산등기부에 기입하여 공시할 방법이 없기 때문이다. 그런데도 불구하고 가압류, 압류된 이후 이에 반하여 이루어진 모든 등기가 무효라고 한다면 선의의 거래자를 보호할 방법이 없는 것이다.

판결은 부동산소유권이전등기청구권에 대한 가압류가 있는 경우 채무자는 제3채무자에 대하여 이행을 구하는 소를 제기할 수 있고, 이미 이행소송이 제기되어 소송 계속 중에 그 청구권이 가압류되더라도 소송을 계속 수행할 수 있다는 태도를 취하고 있다. 또 이 경우 가압류절차에 의하지 않고 채무자명의로 소유권이전등기가 경료된 때 이 등기뿐만 아니라 이 채무자로부터 다시 제3자에게로 명의가 이전된 등기 역시 가압류명령에 위반되어 효력이 없다고 하는 절대적 무효설을 따르는 것이다. 이 판결을 앞의 1989년 판결과 비교하여 보면, 가처분의 경우에는 채무자 및 제3취득자에게로의 명의가 이전되더라도 그 등기는 유효한 것이라고 하면서 같은 내용을 가압류로 한 경우에는 그 등기를 무효라고 보는 것은 곤란한 것이 아니겠는가. 가압류나 가처분이나 모두 처분금지적 효력이 있고 그 금지의 대상도 같으며 공시방법이 없다는 점도 같은 것을 고려한다면 역시 효력 면에서 균형성이 없다고 볼 것이다.[20)]

4) 대법원 1992.11.10.선고, 92다4680 판결[21)]

가) 사실관계

원고는 피고 주식회사 동국요업(이하 피고 동국)에 대하여 금전채권을 가진 채권자이다. 피고 동국이 소외 중소기업은행에 대하여 가지는 소유권이전등기청구권에 대하여 원고는 가압류를 하였다. 그런데 이 가압류 후에 피고 동국은 소외 중소기업은행에 대하여 소유권이전등기청구소송에서 승소하여 소유권을 확정판결에 기하여 이전받고 피고 주식회사 신우(이하 피고 신우) 명의로 소유권이전등기를 해 주었다. 이에 원고는 피고 동국 명의의 소유권이전등기는 가압류 후에 마쳐진 것이므로 가압류의 처분금지적 효력에 위반한 것으로서 원고에 대하여 무효이고 또한 이를 기초로 한 피고 신우 명의의 소유권이전등기도 원고에 대하여 무효라고 주장하여 소를 제기한 것이다.

나) 원심판결(대구고등법원 1991.12.19. 선고. 91나5021 판결)

가압류의 처분금지적 효력에 위반한 소유권이전등기는 가압류

---

20) 김상철, 전게논문 280면도 같은 견해이다.

21) 법원공보 1993년 1월 1일 935호 74면.

한 원고들에 대하여는 무효이므로 각 그 말소를 명하고 소유권이전등기청구권에 대한 압류나 가압류가 있으면 그에 위반되는 등기는 제3채무자의 채무자에 대한 이행행위인 당해 소유권이전등기뿐만 아니라 그 후에 이루어진 모든 등기도 압류나 가압류채권자에 대한 관계에서는 무효라고 할 것이고 이러한 등기가 확정판결에 기한 것이라 할지라도 마찬가지다.

다) 판결요지

① 소유권이전등기청구권에 대한 압류나 가압류는 채권에 대한 것이지 등기청구권의 목적물인 부동산에 대한 것이 아니고, 채무자와 제3채무자에게 그 결정을 송달하는 외에 현행법상 등기부에 이를 공시하는 방법이 없는 것으로서 당해 채권자와 채무자 및 제3채무자 사이에만 효력을 갖는 것이고, 압류나 가압류의 처분금지적 효력을 주장할 수 없는 것이다. 따라서 소유권이전등기청구권의 압류나 가압류는 청구권의 목적물인 부동산 자체의 처분을 금지하는 대물적 효력은 없다 할 것이고, 제3채무자나 채무자로부터 소유권 이전등기를 넘겨받은 제3자에 대하여는 취득한 등기가 원인무효라고 주장하여 말소를 청구할 수 없다.

② 부동산소유권이전청구권의 가압류는 채무자 명의로 소유권을 이전하여 이에 대하여 강제집행을 할 것을 전제로 하고 있으므로 소유권이전등기청구권을 가압류하였다 하더라도 어떠한 경로로 제3채무자로부터 채무자 명의로 소유권이전등기가 마쳐졌다면 채권자는 부동산 자체를 가압류하거나 압류하면 될 것이지 등기를 말소할 필요는 없다.

③ 일반적으로 채권에 대한 가압류가 있더라도 이는 채무자가 제3채무자로부터 현실로 급부를 추심하는 것만을 금지하는 것이므로 채무자는 제3채무자를 상대로 그 이행을 구하는 소를 제기할 수 있고, 법원은 가압류가 되어 있음을 이유로

이를 배척할 수 없는 것이 원칙이나, 소유권이전등기를 명하는 판결은 의사의 진술을 명하는 판결로서 이것이 확정되면 채무자는 일방적으로 이전등기를 신청할 수 있고 제3채무자는 이를 저지할 방법이 없으므로 이와 같은 경우에는 가압류의 해제를 조건으로 하지 아니하는 한 법원은 이를 인용하여서는 안되고, 제3채무자가 임의로 이전등기의무를 이행하고자 한다면 민사소송법(구법) 제577조(현행 민사집행법 제244조)에 의하여 정하여진 보관인에게 권리이전을 하여야 할 것이고, 이 경우 보관인은 채무자의 법정대리인의 지위에서 이를 수령하여 채무자 명의로 소유권이전등기를 마치면 된다.

라) 평 석

부동산소유권이전등기청구권의 가압류의 효력에 대하여 지난 1990년의 판결이 나온 후 처분금지가처분과의 비교에서 불균형을 이루는 점이 지적되었고[22] 이에 전원합의체판결로 견해를 바꾼 점에서 중요한 판결이다.

가압류된 채권의 이행청구가 가능한가에 대하여 먼저 대법원은 원칙을 밝히고 있다. 즉 종래의 견해를 따라[23] '채권에 대하여 가압류가 있더라도 이는 채무자가 제3채무자로부터 현실로 급부를 추심하는 것만을 금지하는 것이므로 채무자는 제3채무자를 상대로 그 이행을 구하는 소를 제기할 수 있고' 가압류를 이유로 이를 배척할 수 없다고 한다. 그러나 이에는 어느 정도의 제한이 따르는 것을 인정하고 있다. 즉 일반적인 경우에는 채무자가 가압류된 채권의 이행청구의 소를 제기하는 것이 허용되더라도 제3채무자가 집행단계에서 이를 저지할 수 있는 것과는 달리 '소유권이전등기를 명하는 판결은 의사의 진술을 명하는 판결로서 이

22) 김상철, 주 19) 논문, 290면.

23) 위 제2장 2. 3) 참조. 원칙적으로 인용설을 따르고 있다.

것이 확정되면 채무자는 일방적으로 이전등기를 신청할 수 있고 제3채무자는 이를 저지할 방법이 없으므로 이런 때에는 가압류의 해제를 조건으로 하지 않는 한 법원은 이를 인용하여서는' 안된다고 하고 있다. 다만 '제3채무자가 임의로 이전등기의무를 이행하고자 한다면 민사소송법(구법) 제577조(현행 민사집행법 제244조)에 의하여 정하여진 보관인에게 권리이전을 하여야 할 것이고 이 경우 보관인은 채무자의 법정대리인의 지위에서 이를 수령하여 채무자 명의로 소유권이전등기를 마치면 될 것'이라고 한다.[24)]

따라서 대법원의 견해는 원칙적으로 급부청구인용설을 취하고 있는데, 이는 가압류에 의하여 금지되는 것은 현실적인 급부의 수령일 뿐 그에 이르기까지의 추심행위는 가압류 채권자를 해하는 것이 아니므로 급부청구를 금할 이유가 없다는 이유에서인 것 같다. 그런데 문제가 되는 것은 일반채권의 경우 이행판결이 있더라도 그 집행단계에서 저지할 방법이 있는 것과는 달리 부동산소유권이전등기청구권의 경우에는 그 판결이 의사의 진술을 명하는 판결이 되므로 이행판결의 확정 자체만으로 채무자가 제3채무자로부터 완전한 만족을 받게 된다는 것이 문제이다. 이에 대법원은 소유권이전등기청구권의 가압류의 경우에는 가압류의 해제를 조건으로 인용할 것이라 하여 조건부 인용설을 취한 듯한 표현을 쓰고 있다. 그러면 대법원은 일반채권의 가압류의 경우에는 인용설을 택하면서 이러한 경우에만 예외를 인정한 것이라고 풀이할 것인가? 꼭 그렇게만 볼 것은 아니지 않는가 한다. 즉 이것은 의사의 진술을 명하는 판결의 경우 논리상 당연할 수밖에 없는 것을 특별히 밝힌 것이라 할 것이다. 따라서 원칙은 그대로 유지하고 있다고 볼 것이다. 부동산소유권이전등기청구권의 가압류의 경우에는 일반채권의 가압류와는 다르다는 점을 인식한 결

24) 민사소송법(구법) 제 577조는 민사소송규칙(1990.8.21.) 제 138조를 그대로 따온 것이다. 어울리지 않게 하위법규에 규정되어 있던 것을 제 위치인 민사소송법에 옮긴 것이다(현재에는 민사집행법 제244조에 규정되어 있다).

과 이렇게 표현한 것이 아닌가 한다. 또 이런 정도로 충분한 결과를 얻을 수 있다.

또한 가압류에도 불구하고 가압류절차에 의하지 않고서 이루어진 채무자명의로의 소유권이전등기의 효력 문제에 대하여 1990년의 판결이 가압류에 대하여 부동산소유권이전등기청구권의 경우에만 일종의 대물적 효력을 인정한 듯한 모순이 있는데 반하여 이 판결은 명백히 대물적 효력이 배제된다는 사실을 적시하고 오히려 이러한 경우 소유권이전등기가 이루어지면 별도로 그 부동산에 대하여 가압류 등의 절차를 밟아야 한다고 하여 그 등기는 당연히 유효하다는 견해를 취하고 있다. 가압류의 처분금지적 효력의 상대성을 취하는 통설의 견해에서는 가압류결정의 당사자가 되는 채권자, 채무자, 제3채무자 사이에서만 가압류의 처분금지적 효력이 있다고 보므로 결론에 있어서는 같은 결과를 갖게 된다. 즉 소유권이전등기의 효력에 대한 문제에 있어서도 1990년의 판결은 절대적 무효설을 취하는데 반하여 이 판결은 상대적 무효설 내지는 유효설의 태도를 보이고 있는 것이다. 법조문에 비추어보아도 민사소송법(구법) 제577조(현행 민사집행법 제244조)에 의한 소유권이전등기청구권의 강제집행으로 가능한 것이 실질적으로 이루어진 결과이므로 형식상 가압류명령에서 금한 절차로 이루어진 등기라 하여 채무자명의의 등기를 무효라고 볼 것은 아니지 않은가 한다.[25] 나아가서 채무자로부터 제3자가 소유권이전등기를 경료받은 경우의 등기도 원인무효의 등기로 보지 않고 유효한 것으로 보아야 할 것이다. 다만 이 경우에 채무자의 배임행위에[26] 제3취득자가 적극 가담하였다면 민법 제103조의 반사회질서행위로서 다룰 수 있을 것이다.

---

25) 동지; 정연욱, 주 10) 논문 91면.

26) 이 때 채무자는 소위 이중양도인의 지위에 있다고 볼 것이다.

Ⅲ. 결 론

이상에서 살펴본 것처럼 부동산소유권이전등기청구권을 가압류한 경우 여러 가지 문제가 발생하는데 근본적인 것은 이 청구권이 일반채권과는 다른 성격을 지니고 있다는 데서 출발한다. 더욱이나 부동산에 관련된 것이면서도 부동산등기부에 공시할 방법도 없다는 점이 문제발생의 시초라고 할 것이다.

대법원에서는 의견대립이 계속 있어 온 것을 1992년 판결로 매듭을 지은 것으로 보인다. 결론적으로 말하자면 합리적인 견해로 의견을 통일한 것으로 본다. 부동산소유권이전등기청구권의 가압류의 경우 채무자는 가압류에도 불구하고 당사자적격을 잃지 않으며 이행청구를 할 수 있고 다만 법원은 판결에서 가압류의 해제를 조건으로 이행판결을 하면 되고 이때 채권자로서는 가압류절차에 따라 이루어지는 등기는 아니지만 그 등기에 이의를 제기하지 않고 그 등기가 경료될 때에 부동산을 직접 압류 등을 하면 될 것이다. 물론 그 등기를 경료하기 위해서는 가압류의 해제를 조건으로 하므로 채권자로서는 그 목적부동산에 대하여 보전절차를 취할 여유가 충분히 있다고 볼 것이므로 특히 가압류채권자를 해한다고는 보이지 않는다. 이렇게 본다면 부동산소유권이전등기청구권이 가압류되더라도 제3자가 이를 알 수 없기 때문에 발생하는 문제, 즉 등기부에 공시되지 않기 때문에 생기는 문제는 해결될 수 있다고 본다. 거래안전의 보호를 위하여 채무자의 소유권등기를 믿고 거래한 자는 보호받게 하고, 그 부동산에 압류 등을 한 채권자는 충분히 자기의 권리를 보호받을 수 있기 때문에, 제 3취득자가 전후사정을 알면서 채무자의 배임행위에 동조한 경우만 민법 제103조에 의하여 반사회질서행위로서 효력을 부정하면 될 것이다.

임성권(任成權)

서울대학교(법학사)/법학과
서울대학교(법학석사)/민법학
서울대학교(법학박사과정수료)/민법학
1991.9.-1997.2. 서원대학교 법학과 조교수
사법시험위원, 외무고시위원, 행정고시위원 등 역임
1997.3.-현재 인하대학교 법과대학 부교수
2004.3-현재 인천소비자연맹 회장
2005.1-현재 인천지방법원 민사조정위원

〈전공〉
민법(재산법), 국제사법

〈주요논문〉
동시이행관계에 있는 급부의 청구, 비교사법 제6권 2호
동시이행관계와 이행지체에 관한 판례평석, 인하대학교 법학연구 제1집
동시이행급부의 기초적 연구, 비교사법 제6권 1호
민법개정안의 법정지상권 규정에 관한 연구, 아세아여성법학 5호
상속의 한정승인에 관한 연구, 가족법연구 15권2호

民法論究 (제1권)

2007년 5월 20일 초판인쇄
2007년 5월 25일 초판발행

著 者 任 成 權
發行人 高 晙 英
發行處 法 英 社

135-280
서울특별시 강남구 대치동 611
전화 (501)8898(대) FAX (501)8895
등록 1987. 11. 5 제3-125호(윤)
Site : www.bubyoungsa.co.kr
E-mail : bypuco@chol.com

저자와의 협의하에 인지첨부를 생략함.

破本은 바꿔드립니다. 정가 **15,000원**

ISBN 978-89-7032-233-9 93360